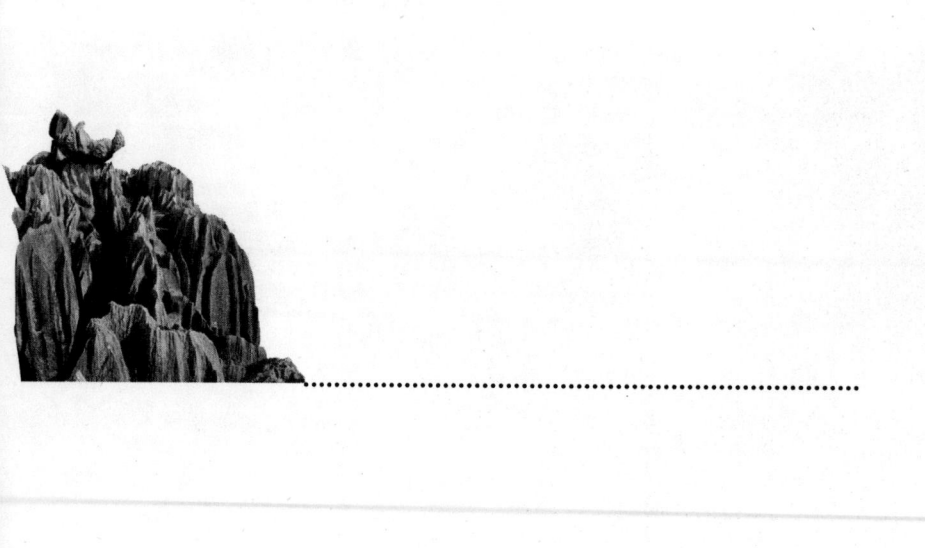

Unsolved MYSTERIES of Chinese Geography

中国地理未解之谜

何英娇／编著

光明日报出版社

前言 PREFACE

"仁者乐山,智者乐水",人们对自己生存土地的热爱是与生俱来的。自古以来,有关地理的专著层出不穷。从古老的《山海经》到《汉书·地理志》、《水经注》以至《徐霞客游记》无不激发了人们的想象和探索热情。对自然山水的热爱更是成为文人笔下永恒的主题。他们在山水之间陶情怡性、回归自然、寻求本真,并留下了无数千古流传的名篇佳句,"黄河之水天上来,奔流到海不复回""忽如一夜春风来,千树万树梨花开""有时朝发白帝,暮至江陵,其间千二百里,虽乘奔驭风,不以疾也""五岳归来不看山,黄山归来不看岳"……读着这样的佳句,怎能不令人心向往之?

神奇秀丽的风光令人沉醉,而其中的无数迷局更是令人魂牵梦绕:神农架有野人吗?北京古城墙为何缺一角?干旱的新疆可能变成汪洋大海吗?渤海古陆大平原会再度浮出水面吗?……这些问题像磁石一般吸引着人们好奇的目光,并刺激着人们一探庐山真面目的强烈兴趣。

我们精选了50多个中国地理的未解之谜,它们无疑是美丽的、迷人的,读者必将由此而生窥一斑而欲知全豹,观一木而思见森林之感。全书共分2篇8章,其中自然篇4章分别讲述山川湖泊、高原林莽、荒漠边陲、岛疆海国4个方面的未解之谜;人文篇4章分别讲述古都城郭、佛教迷踪、荒漠寻古、先民遗风等4方面的未解之谜。在这里，您不仅能看到在漫长的年代里由于地质、理化、生物作用而形成的纯自然景观，还可以看到人类活动留下的深刻痕迹。

在精心解读未解之谜的同时我们也没有忽视对本书审美的要求，力图把它打造成一部艺术性与知识性相结合的全文化作品。

Contents

目录

山川湖泊未解之谜

自然篇

长江的源头在哪里 12
黄河源自何方 16
扑朔迷离的太湖成因 20
大明湖形成之谜 24
黄果树大瀑布的成因是什么 26
真的存在"天池怪兽"吗 29
难识庐山真面目 31
自贡何以成为大批恐龙的"集体墓地" 34

高原林莽未解之谜

"世界屋脊"青藏高原曾经是海洋吗 38
世界上最大的峡谷——雅鲁藏布大峡谷 41
神奇的高原地热现象 44
现代冰川之谜 47
"雪的故乡"喜马拉雅山之谜 50
神奇的高原圣湖——青海湖 54
神农架之谜 56
"中国的百慕大"之谜 62

荒漠边陲未解之谜

黄土的"原籍"在哪里 66

干旱的新疆可能再成海洋吗 69

罗布泊是游移湖吗 73

"魔鬼城"是谁"建造"的 76

鸣沙之谜 78

神奇秀丽的风光令人沉醉,而其中的无数谜局更是令人魂牵梦绕:神农架有野人吗?北京古城墙为何独缺一角?干旱的新疆可能变成汪洋大海吗?渤海古陆大平原会再度浮出水面吗?……

岛疆海国未解之谜

渤海古陆大平原会再次浮出水面吗 84

西湖的前身是海湾吗 86

风动石之谜 88

钱塘涌潮"有信"与"无信"之谜 89

蛇岛为何只有蝮蛇 92

古都城郭未解之谜

北京古城墙为何独缺一角 96

景山平面图为何酷似打坐的人像 99

避暑山庄为何钟情青砖灰瓦 101

佛教迷踪未解之谜

千佛碑的脚印是谁的 106

小雁塔为何乍离乍合 108

千古疑谜——佛灯 110

乐山卧佛是自然形成的吗 113

麻浩佛像之谜 116

莫高万道金光之谜 118

人文篇

人文地理充满了趣味性，它其中包含的人文价值和文化内涵更是引起了人们的极大兴趣。了解人文地理，不仅能增加对祖国美丽河山的情感，还能为改善我们的生活环境做一些有益的事。

荒野寻古未解之谜

不倒的万里雄关长城之谜 122

塞外雄关玉门关之谜 126

鬼城地府丰都之谜 128

僰人悬棺之谜 131

米兰壁画上的带翼天使从何处飞来 134

夜郎古国的确切位置之谜 137

先民遗风未解之谜

香格里拉只是传说中的地方吗 142

新疆"原始村落"之谜 146

山西为何多"大院" 149

神秘的"女儿国" 154

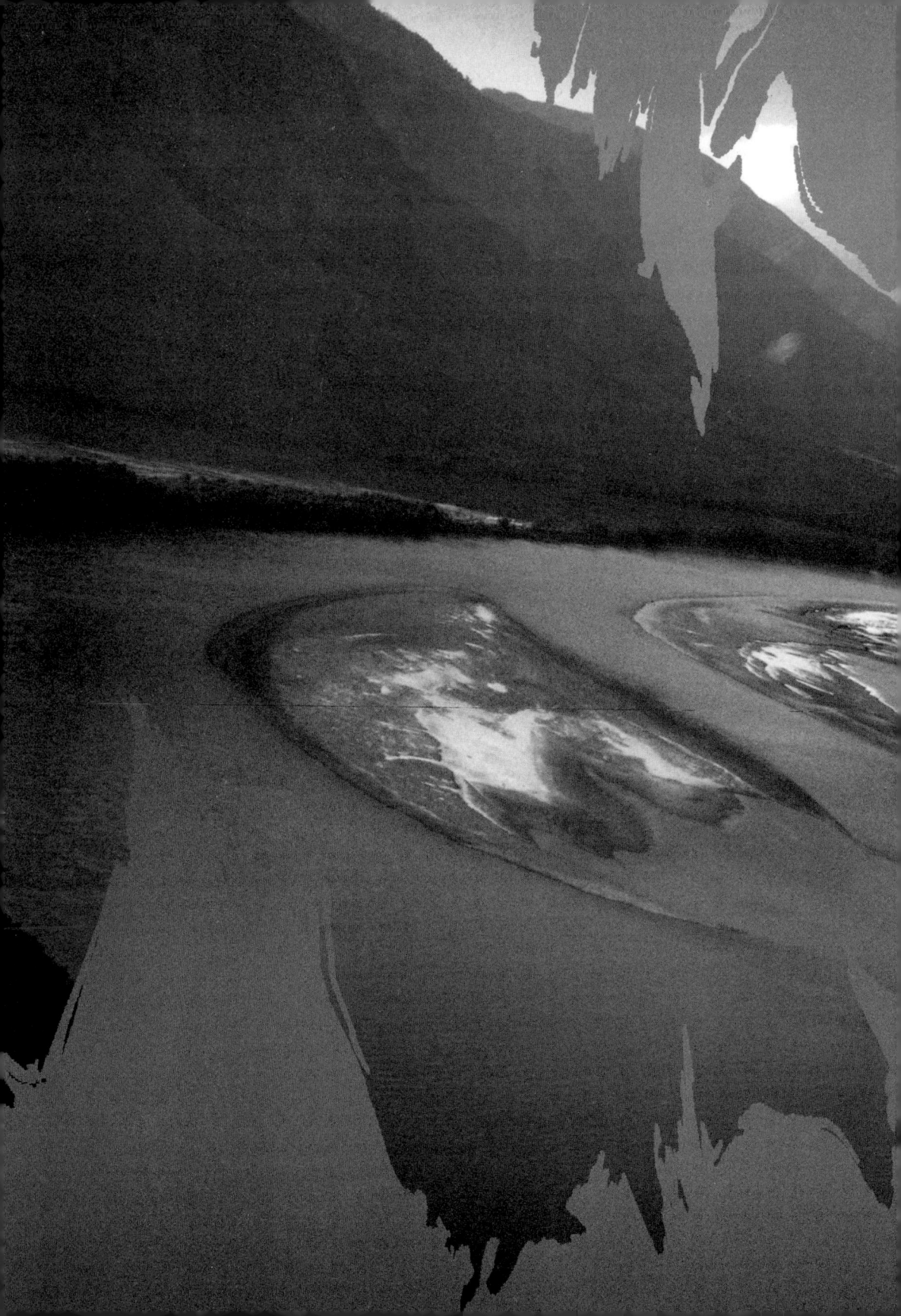

山川湖泊未解之谜

长江的源头在哪里

长江是中国第一大河，古代称为"江"，又称"大江"，它流经青海、四川、重庆、云南、湖北、湖南、江西、安徽、江苏等省区，在上海市入东海，流域内共有742个市县，总人口近4亿，流域总面积180余万平方千米。

我国有关长江源头的探索经历很长。最早的文字记载见于《尚书·禹贡》，其中有"岷山导江"之语，意思是说长江发源于岷山脚下。这当然不够确切，但那时岷山和中原地区天隔地阻，能得出这种认识已经是很不简单了。

明崇祯九年（1636年），大旅行家和地理学家徐霞客经过4年的云贵之行，得出金沙江是正源的结论，虽然他并未探索到源头，但却为探索源头指明了方向。

清朝初年，对于长江源头开始有了官方组织的实地考察活动，大体摸出了江源地区的水流脉络，绘制出了在当时来说很具水准的地图。稍

长江发育于中国西南部的青藏高原，这里海拔一般在4000—5000米，是世界最高的高原，号称世界屋脊，气候严寒，冰山众多，冰川融水成为长江最初的水源。

长江三峡之巫峡

后有专著如齐召南的《水道提纲》谈到金沙江的上源通天河是长江的上源。但对于长江最上游众多支流的细节却长期模糊不清，而这恰恰是决定长江源头的关键所在。

新中国成立后，有关长江源头的说法才趋于一致。1976年，国家曾组织专家考察长江源头地区。考察得出的结论是长江源头五大河流中，沱沱河最长，约375千米，当曲长357千米，并据此确定发源于各拉丹冬雪山的沱沱河为长江源头。

目前国内外采用的长江长度就是20多年前测定的。那次测定的结果表明长江的长度超过了美国的密西西比河，是世界第三大河流，仅次于非洲的尼罗河和南美洲的亚马孙河。

长江三峡之瞿塘峡

中国地理未解之谜

一般确定大河源头的标准，除"河源惟远"外，还有"水量惟大"和对应于河流主方向等标准，因此有一些人，包括地理学、测绘学的研究人员，对于把沱沱河作为长江正源持保留看法。因为当曲的水流量是沱沱河的5至6倍，流域面积是沱沱河的1.8倍；另外，长江入海口江面宽阔，与海水的界限也难以确定。

2000年，中国科学院遥感应用研究所研究员刘少创对长

长江三峡之西陵峡

葛洲坝水利枢纽工程位于南津关东的长江上,有"长江第一坝"之称。

江长度重新测量后发现,长江长度为6211.3千米,比公认的6300千米短了80多千米。

同时,刘少创还测量出了长江各分段的长度:当曲360.8千米、沱沱河357.6千米、通天河787.7千米、金沙江2322.2千米、宜宾以下2740.6千米。

据此,刘少创提出长江源头新说,他认为发源于唐古拉山北麓的当曲("曲"在藏语中是"河"之意)是长江的源头。

以往人们通常使用航空影像地形图来进行河流长度的测算。当年参与考察的水利部长江水利委员会专家石铭鼎说,长江源头水流散乱,哪里才是正源在学术界一直众说纷纭。而且,当年他们使用近百幅比例尺为1:100000的地形图在老式计算机上进行计算,测量时起点、终点定在哪里以及选用地图的比例尺大小都会影响到结果的准确性。而那时北京经常停电,有时也会影响计算的结果。

此次,刘少创领导的课题小组是利用卫星遥感技术来测量长江长度的。课题小组利用由美国地球资源卫星拍摄、分辨率达到30米的近40幅覆盖长江干流的卫星影像,根据最近陆地资源卫星影像获得的遥感数据和过去的地形数据,沿河道的中心线,对长江正向量测了三遍,又反向量测了三遍,经计算机多次运算和几何纠正,测算长江源头地区5条河流的长度后得出结果:当曲长360.8千米,比沱沱河还要长3.2千米。当曲源头位置在东经94°35′54″,北纬32°43′54″,海拔5042米。

从这里算起长江最长。2000年9至10月,刘少创赴长江源区,对沱沱河和当曲进行实地考察,验证了上述结论。

那么,长江又"短"在哪里呢?

计算表明,长江源头长度差异仅3千米。长度"缩水"的部分主要不在源头,而是在长江的中下游。刘少创认为,这是一个很复杂的问题,长江河道的主泓线经常会发生变化,有的地方会有截弯取直,影响到测量的准确性,但是最主要的原因还在于测量技术的改进和起止点的不同。

国家重要地理数据的更新是个引人注目的问题,具有非常重要的意义。以珠穆朗玛峰高度为例,我国在1966年、1975年、1992年、1998年和1999年先后5次对珠峰高度进行了测量,每次除了能够得到新的数据,也同时推动了大地测量理论与技术的发展。遗憾的是,对于和我们生活更为密切的长江的长度数据,却未能根据环境变化和技术的发展及时进行更新。刘少创希望这次对长江长度的测量能够弥补这一遗憾,但他提出的长江源头新说,经媒体公布后立刻引起了地学界新一轮的争论,并且至今还没有得到国家有关权威部门的认可。

中国地理未解之谜

长江入海口——上海

上海地理位置重要,交通发达,经济繁荣,旅游资源丰富,是中国最大的城市也是世界最大的城市之一。

黄河 源自何方

黄河横亘中华大地，是中华民族的摇篮，也是世界古代文化发祥地之一。黄河中游是广大的黄土高原地区，由支流汇入大量泥沙，使河水呈黄色，故名黄河。

黄河源头——巴颜喀拉山

巴颜喀拉山在青海中部偏南，为昆仑山脉南支，西接可可西里，东连岷山和邛崃山，是黄河和长江源流区的分水岭。

　　黄河发源地究竟在哪里？在5000多年的历史长河中，我国人民曾对黄河的发源地进行了多次探索。然而，限于当时的科学水平和各方面的条件，一般都只能到达星宿海一带。历史文献中记载星宿海"小泉亿万，不可胜数，如天上的星"。星宿海，藏语叫"错岔"，意为花海子，是大片沼泽及许多小湖组成的低洼滩地。这里的水中散布着或堆形或块状的密密的短草，枯叶烂根年年积累，形状像表面松软的沼泽地带，走在上面，非常容易下陷。其实"星宿海"并不是真正的黄河源。新中国成立后，政府曾多次派出河源勘察队，寻找河源。

　　青海南部高原水系错综，河流纵横，有"江河源"之称。长江和黄河仅巴颜喀拉山一脉之隔，直线距离200多米。究竟黄河河源在哪里，学术界一直争论不休。20世纪50年代初期，普遍认为约古宗列曲为黄河源。目前主要有两种看法：一种认为黄河多源，其源头分别是扎曲、卡日曲和约古宗列曲；另一种意见认为，卡日曲全长201.9千米，是上述三条河流中最长的，应定为正源。

　　黄河的河源地区既没有龙门激浪洪波喷流的气势，也没有壶口飞瀑巨灵咆哮的声威，只有潺潺细流蜿蜒而来，穿越坡地、草滩和沼泽，绕行于巴颜喀拉山的群峰之间，河水散乱，难以辨认主河道。黄河的藏语名称叫"玛曲"，即孔雀河之意。当地人们根据黄河河源周围有众多小湖的地理景观，每当登高远眺，数不清的大小湖泊宛如繁星落地，恰似孔雀开屏，冠以孔雀河的美名，的确恰如其分。

　　黄河的河源地区气候酷寒。8月里就似数九隆冬，年平均温度不足14℃，一年只有7天绝对无霜期。即使在一天之内，晴阴风雪变化之快也令人难以置信。

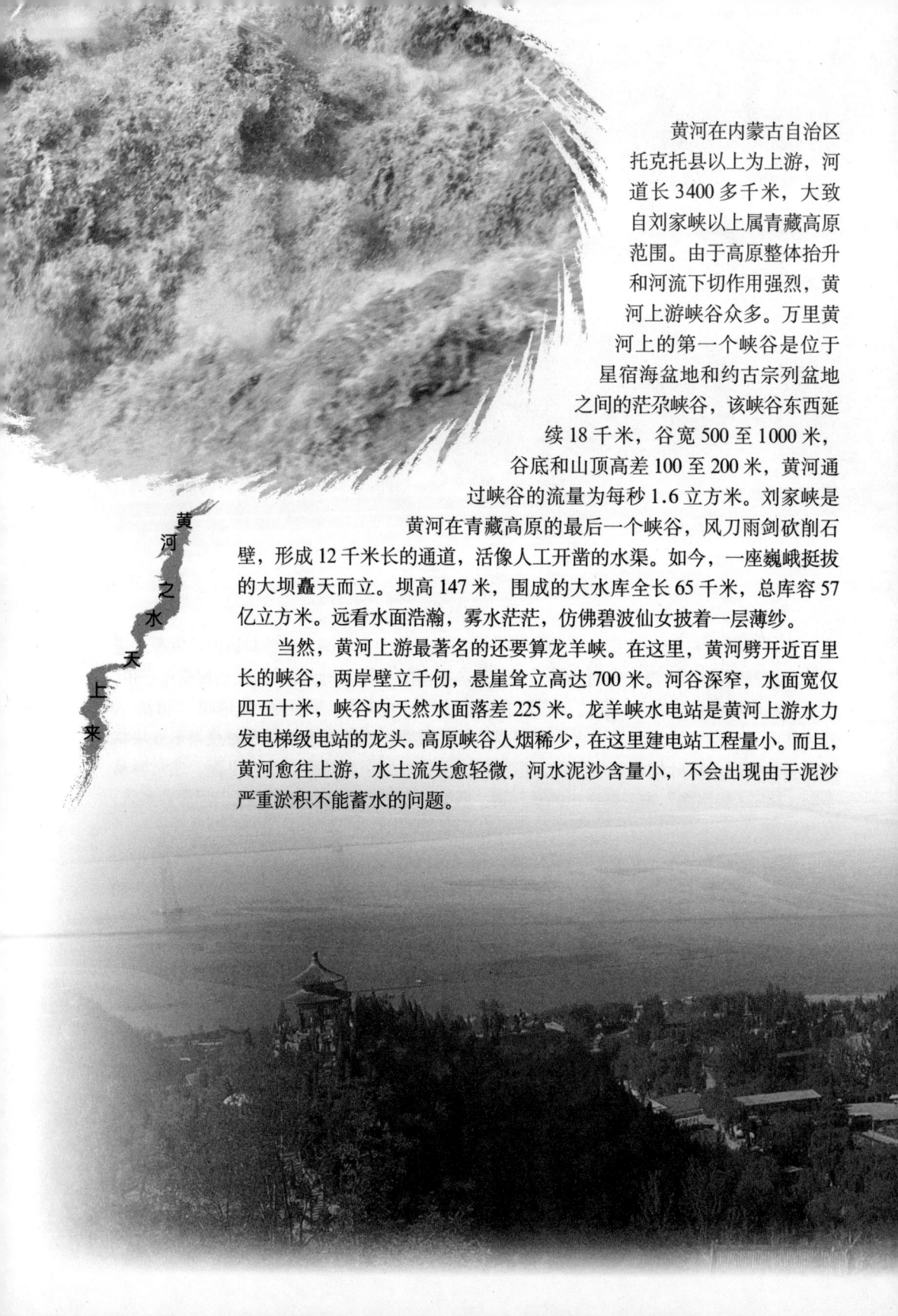

黄河在内蒙古自治区托克托县以上为上游，河道长3400多千米，大致自刘家峡以上属青藏高原范围。由于高原整体抬升和河流下切作用强烈，黄河上游峡谷众多。万里黄河上的第一个峡谷是位于星宿海盆地和约古宗列盆地之间的茫尕峡谷，该峡谷东西延续18千米，谷宽500至1000米，谷底和山顶高差100至200米，黄河通过峡谷的流量为每秒1.6立方米。刘家峡是黄河在青藏高原的最后一个峡谷，风刀雨剑砍削石壁，形成12千米长的通道，活像人工开凿的水渠。如今，一座巍峨挺拔的大坝矗天而立。坝高147米，围成的大水库全长65千米，总库容57亿立方米。远看水面浩瀚，雾水茫茫，仿佛碧波仙女披着一层薄纱。

当然，黄河上游最著名的还要算龙羊峡。在这里，黄河劈开近百里长的峡谷，两岸壁立千仞，悬崖耸立高达700米。河谷深窄，水面宽仅四五十米，峡谷内天然水面落差225米。龙羊峡水电站是黄河上游水力发电梯级电站的龙头。高原峡谷人烟稀少，在这里建电站工程量小。而且，黄河愈往上游，水土流失愈轻微，河水泥沙含量小，不会出现由于泥沙严重淤积不能蓄水的问题。

黄河风车

黄河花园口

花园口位于河南省郑州市北18千米处,紧靠黄河南岸。明吏部尚书许某在此修建花园,后河道南移,村落与花园被水吞没,成为黄河渡口,名花园口。

扑朔迷离的太湖成因

美丽的太湖位于风景如画的江苏无锡，古称震泽，是我国长江中下游五大淡水湖之一，水面达2400平方千米。

太湖的水域形态就像佛手，作为江南的水网中心，太湖蕴藏了丰富的资源并孕育了流域内人们的繁衍生息，自古就被誉为"包孕吴越"；历代文人墨客更是为之陶醉，留下了许多脍炙人口的诗句。太湖风光秀丽，物产富饶，附近的长江三角洲河网纵横，湖荡星罗棋布，向来是中国的鱼米之乡。太湖四周群峰罗列，出产的碧螺春名茶与太湖红橘，在古代就是朝廷的贡品。太湖里还富有各种各样的水产品，其中的太湖银鱼，身体晶莹剔透，肉质细嫩，是筵席上的美味佳肴。

然而，就是这样一个兼具秀丽风景和浩渺壮阔气派的饮誉中外的太湖，关于它的成因，直到今天还争论不休。

早在20世纪初，我国地理学家丁文江与外国学者海登施姆就认为，是大江淤积导致了太湖的形成。他们指出，在五千年前江阴为海岸，江阴以东、如皋以南、海宁以北，即包括太湖地区在内都是长江淤积的范围，这是最初对太湖成因所做的理论上的描述。

发展到20世纪30年代，由于在湖区地下发现有湖相、海相沉积物等，所以学术界对太湖的形成有了较成熟和系统的看法。著名的地理学家竺可桢与汪胡桢等提出了泻湖成因论，泻湖论在以后又不断被充实进新的内容。德国人费师孟在1941年提出，经太仓、嘉定外冈、上海县马桥、金山漕泾，直至杭州湾中的王盘山附近，为一沙嘴组成的冈身，是公元1到3世纪的海岸线。以后经对位于冈身的马桥文化遗址下的贝壳碎屑进行碳14测定，基本上公认冈身是6000年前的古海岸线。

华东师范大学海口地理研究所的陈吉余教授等在总结前人研究的基础上，发展和完善了潟湖论。该论点主要依据太湖平原存在着海相沉积来推断，认为因长江带来的大量泥沙逐渐在下游堆积，使当时的长江三角洲不断向大海伸展，从而形成了沙嘴。以后沙嘴又逐渐环绕着古太湖的东北岸延伸并转向东南，与钱塘江北岸的沙嘴相接，将古太湖围成一个潟湖。后来又因为泥沙的不断淤积，这个潟湖逐渐成为与海洋完全隔离的大小湖泊，太湖则是这些分散杂陈的湖群的主体，又经以后的不断淡化而成为今日的太湖。

近年来，随着对太湖地区地质、地貌、水文、考古和文献资料等方面的不断研究，尤其是几十处距今5000—6000年前的新石器时代遗址，以至汉、唐、宋文化遗物的发现，许多研究者对潟湖论中所存的问题提出了质疑。认为在海水深入古陆地的过程中，虽然是一边冲蚀，一边沉积，

太湖风光

中国地理未解之谜

太湖春晓

但这种情况对于整个古陆地来说是不平衡的，有的地方虽有泻湖地貌的沉积，但它不具整体意义。因此，泻湖论虽然可以解释太湖平原的地形和地质上的海湖沉积，但难以解释何以在太湖平原腹地泥炭层之下以及今日湖底普遍有新石器遗址与古生物化石的存在，同时这也与全新世陆相层的分布范围不符。许多人因此提出，太湖平原大部原为陆地，所以古代居民能够在上面聚居生存。

人们推测，大约在 6000 年到 10 000 年前，太湖地区是一片低平的平原，人们曾经在这里生活和居住过。由于地势较低，终于积水成湖，人们还没有来得及搬走他们的家当，就被洪水淹没了。

至于太湖这片洼地的形成，他们认为和这里的地壳运动有关。太湖地区可能一直是一个地壳不断下沉的地带，由于地势低洼，从四面八方汇来的流水不能及时排出去，自然就形成了湖泊。

太湖的"平原淹没说"还没有得到更多的传播和响应，又一种成因说突然出现了。最近，一批年轻的地质工作者们，用全新的观点来解释了太湖的形成。

他们大胆地假设，可能是在遥远的古代，曾有一颗巨大无比的陨石，从天外飞来，正好落在太湖的位置上。也就是说，偌大的太湖竟然是陨石砸出来的！他们估计，这颗陨石对地壳造成的强大冲击力，其能量可能达到几十亿吨的黄色炸药爆炸产生的能量，或者等于 10 万颗在日本广岛上空爆炸的原子弹的能量。

提出"陨石冲击"假说的年轻人，列出了如下几个方面的证据：

第一，从太湖外部轮廓看，它的东北部向内凹进，湖岸破碎得非常严重；而西

火山口湖

冰川湖

裂谷湖

人工湖

各类湖泊构成示意图

太湖弄舟

中国地理未解之谜

南部则向外凸出，湖岩非常整齐，大约像一个平滑的圆弧，与国外一些大陆上遗留下来的陨石坑外形十分相似。

第二，研究者在调查中发现，太湖周围的岩石岩层断裂有惊人的规律性。在太湖的东北部，岩层有不少被拉开的断裂，而西南部岩层的断裂多为挤压形成。这种地层断裂异常情况只有在受到一种来自东北方向的巨大冲击时才会出现。

第三，研究者还发现，成分十分复杂的角砾存在于太湖四周，在显微镜下观察这些岩石，其中还可以看到被冲击力作用产生的变质现象。另外，他们还在太湖附近找到了不少宇宙尘和熔融玻璃，这些物质只有在陨石冲击下才会产生。

由以上的证据，他们推断，这颗陨石是从东北方向俯冲下来的。由于太湖西南部正好对着陨石前下方，冲击力最大，所以产生放射性断裂，而东北部受到拉张力的作用，形成与撞周方向垂直的张性断裂。由于陨石巨大的冲击力，造成岩石破碎，形成成分混杂的角砾岩和岩石的冲击变质现象。

可见，目前对太湖的成因还没有形成统一的认识，但所有这些不同的观点，都有助于推动人们作进一步的调查和研究。随着不断的深入探究，相信人们最终一定能揭开扑朔迷离的太湖成因之谜。

23

大明湖形成之谜

大明湖位于山东省省会济南市内,旧城之北。大明湖呈东西长、南北狭的扁矩形,南面紧邻济南市中心区。湖周长4公里多一点,面积46.5公顷,约占济南旧城的1/4。

济南市位于鲁中南山地北部与华北平原的交接带上,北面有黄河流过,南面紧接泰山的前山带。所以这座城市正好处在一个凹陷中,而大明湖正居于凹地的底部。虽然只是一个天然的小湖泊,但却以其美丽可爱而蜚声国内。一般而言,在城市里有一个封闭式的湖非常罕见,其成因肯定是非常特殊的。大约从什么时候起,在怎么一种情况下形成的这个美丽湖泊,我们还无法确定。

大明湖是一个由泉水在低地上汇集所形成的湖泊,湖水源主要靠南侧山麓的泉水补给。以前济南的名泉如趵突泉、黑虎泉、珍珠泉、五龙潭泉四大泉群的水或直接或间接汇入湖中,今天这些泉水大多数已经不再补给大明湖的水源,仅有珍珠泉、芙蓉泉、泮池、王府池诸泉仍注入湖内。湖水从东北隅汇波门流出,会合护城河水,流入北面的小清河,注入渤海。

这种特殊的现象,在我国还不多见,大概只为济南这样的"泉城"所特有。古时候,济南被称为"泉城"——"齐多甘泉,甲于天下"。这个古来著名的泉城究竟有多少泉水?过去说它的城内外有72处,其

大明湖风光

大明湖公园内的
小沧浪亭

实远不止此数。据新中国成立后实地调查,仅在济南市区就有天然泉水108处。诸泉汇聚于地势低下的城北,形成一片广大的水域。今天这片水域的许多部分已填塞成为市街,而大明湖是留下的最大水面。济南为何如此多泉,这同它的水文地质条件有关。

  科学家们认为,泉水跟倾斜的岩层也许有很大关系。济南处在石灰岩和岩浆岩这两种不同岩性的构造接触带上,这恰好为泉水形成和出露提供了有利条件。济南的南面有绵延的小群山,如千佛山等都是由厚层的石灰岩构成的,岩层略向北倾。石灰岩层内大小溶洞和裂隙很多。山地降水渗入地下,积蓄在其中,积蓄的水多了就顺着倾斜的岩层和裂隙向北流动,当流到济南北面时,遇到了组成北面丘陵的不透水岩浆岩的阻挡,便停滞下来,成为承压水,它一遇到上面地层薄弱的部分便冒出地面,成为大大小小的涌泉。而大明湖所在地正是济南北部最低洼处,众泉汇聚,所以成为湖泊。

  大明湖在历史上变化很大。北宋以后,由于人类活动频繁,生态有所恶化,古大明湖已逐渐堙塞,现在的大明湖是由古大明湖东面的一片水域,即历水陂演变而来的。在新中国成立前,社会的动荡和贫困使大明湖黯然失色,失修的湖内多为杂乱的湖田,湖边为坍塌的泥岸,岸边道路泥泞不堪。新中国成立后,疏浚了湖底,用石头砌成湖岸,对环湖大道及各种建筑都进行了修整。此外,还添设了新景点、新设施,又恢复了"四面荷花三面柳"的风貌,这样,这处著名的游览胜地重新焕发出青春的光彩。

黄果树大瀑布的成因是什么

黄果树瀑布群是中国贵州省境内一处以瀑布、溶洞、石林为主体的独特风景区。位于镇宁布依族苗族自治县境内。白水河流经此地，因山峦重叠，河床断落，多急流瀑布，奇峰异洞，黄果树附近形成九级瀑布。黄果树瀑布是其中最大的一级，瀑布高74米，宽81米，集水面积达770平方千米，是中国最大的瀑布，也是世界著名的瀑布之一。

　　黄果树瀑布群是大自然的产物。黄果树瀑布发育在世界上最大的华南喀斯特区的最中心部位，这里的地表和地下都分布着大量可溶性的碳酸盐岩，区域地质构造十分复杂；加上这里位于亚热带湿润季风气候的南缘，水热条件良好，形成打帮河、清水河、瀼陵河等诸多河流。它们在向下流经北盘江再汇入珠江时，对高原面进行溶蚀和切割，加剧了高原地势的起伏，从而形成了各种各样绚丽多姿的喀斯特地貌。由于河流的袭夺或落水洞的坍塌等原因，形成了众多的瀑布景观，黄果树瀑布群便是其中最典型、最优美的喀斯特瀑布群。

　　由于黄果树瀑布群的瀑布不仅风韵各具特色，造型十分优美，而且在其周围还发育许多喀斯特溶洞，洞内发育有各种喀斯特洞穴地貌，形成了著名的贵州地下世界，具有极大的旅游观光价值。

　　黄果树大瀑布是黄果树瀑布群中最为知名的瀑布，它位于镇宁布依族苗族自治县城关

孩童在黄果树瀑布下的平台石头上，嬉戏玩耍。

中国地理未解之谜

镇西南约25千米，东北距贵阳市150千米。最新测量结果表明，黄果树大瀑布高为74米，宽达81米。因此，黄果树大瀑布水量充沛，气势雄壮。漫天倾泻的瀑布，带着巨大的水流动能，发出如雷巨响，震得地动山摇，展示出大自然一种无敌的力量与气势。巨量的水体倾覆直下，又形成了大量的水烟云雾，使得峡谷上下一片迷蒙，呈现出一种神秘的色彩。瀑布平水时，一般分成四支，自左至右，第一支水势最小，下部散开，颇有秀美之感；第二支水量最大，更具豪壮之势；第三支水流略小，上大下小，显出雄奇之美；最右一支水量居中，上窄下宽，洋洋洒洒，最具潇洒风采。黄果树瀑布之景观，随四季而替换，昼夜而迥异。

黄果树大瀑布还有二奇：一曰瀑上瀑与瀑上潭，是为主瀑之上一高

27

大瀑布半腰有一134米长的水帘洞横穿而过，万顷瀑水从头顶飞泻而下，人仿佛身处瀑布之中。

约4.5米的小瀑布，其下还有一个深达11.1米的深潭，即瀑上潭。瀑上瀑造型极其优美，与其下的黄果树主瀑形成了十分协调的瀑布组合景观。二曰水帘洞，其为主瀑之后、瀑上潭之下、钙华堆积之内的一个瀑后喀斯特洞穴。

水帘洞高出瀑下的犀牛潭40余米，其左侧洞腔较宽大清晰，并有三道窗孔可观黄果树瀑布；右侧因石灰华坍塌，洞体仅残存一半，形成一个近20米高的岩腔。水帘洞不仅本身位置险要，而且洞内之景颇有特色。然而，长期以来，由于进洞道路艰难危险，除少数探险者敢冒险进洞游览之外，一般游人是很少进去的。下面的犀牛潭，其深达17.7米，在黄果树大瀑布跌落的巨量水流冲击下，激起高高的水柱，若游人不小心从水帘洞中滑入犀牛潭，则非常危险。

游人在水帘洞中观赏美景时，往往会想到自己正处在瀑布之下，巨量的水体正从头上压顶而过时，不禁会产生一种难以名状的压抑感，甚至是一种恐惧感，仿佛洞内的岩壁会随时被压垮倾覆，随时会跌落下来一般，以致不敢久留。只有当走出了水帘洞时，看到洞外一片明亮，灿烂阳光下，翠竹簇簇，婆娑起舞，林木葱茏，树叶扶疏，才不觉松了一大口气，精神为之一振。

那么，黄果树大瀑布如此壮美的景观又是怎样形成的呢？对于黄果树大瀑布的成因问题，可谓是众说纷纭。有人认为它是典型的喀斯特瀑布，由河床断陷而成；有人则认为是喀斯特侵蚀断裂——落水洞形成的。还有一种说法是，黄果树大瀑布前的箱形峡谷，原为一落水溶洞，后来随着洞穴的发育、水流的侵蚀，使洞顶坍落，而形成瀑布。由于一个瀑布的形成过程与瀑布所在河流的发育过程紧密相关，故探究黄果树瀑布的形成过程须与白水河的演化发育历史结合起来考虑。这样，就可以把黄果树瀑布的发育过程大致分成七个阶段：即前者斗期、者斗期、老龙洞期、白水河期、黄果树伏流期、黄果树瀑布期和近代切割期。其形成时代大约从距今2700万年至1000万年的第三纪中新世开始，一直延续至今，经历了一个从地表到地下再回到地表的循环演变过程。

真的存在"天池怪兽"吗

矗立在我国吉林省东南部中朝两国交界处的长白山,是一座多次喷发的中心式复合火山。火山喷出的炽热岩浆冷却后堆积在火山口周围,形成一个圆锥状的高大火山锥体。锥体中央的喷火口,形如深盆,积水成湖,即闻名遐迩的火山口湖——长白山天池。

天池水面海拔2194米,面积9平方千米,湖内深达373米,平均水深204米。它的水温终年很低,夏季只有8℃～10℃。从科学的常规看,这里自然环境恶劣,地处高寒,水温较低,浮游生物很少,水中不可能有大型生物。

然而,1962年8月,在有人用望远镜发现天池水面有两个怪物在互相追逐游动。

1980年8月21～23日,人们再次目睹了水怪。21日早晨,作家雷加等6人在火山锥体和天文峰中间的宽阔地带发现天池中间有喇叭形的阔大划水线,其尖端有时露出盆大的黑点,形似头部,有时又露出拖长的梭状形体,好似动物的背部。9点多钟,目击者们又一次见到三四条拖长的划水线,每条至少有100米长,这样的划水线,如果没有快艇的速度是不会形成的。翌日早晨,五六只"水怪"又突然出现在湖面上,约40分钟后才相继潜入水中。23日,5只怪兽又出现在距目击者40多米的水面,这回人们清楚地看到,怪兽头大如牛,1米多长的脖子和部分前胸露出水面。水怪有黑褐色的毛,颈底有一白底环带,宽约5-7厘米,圆形眼睛,大小似乒乓球。惊慌的目击者边喊边开枪,可惜都未击中,怪兽潜水而逃。

此后,人们又分别在1981年6月17日和9月2日再次目睹了怪兽。《新观察》的记者还拍下了我国惟一的一张天池怪兽

长白山天池

长白山瀑布

长白山矿泉冰瀑

水怪与黑熊的形态有很大区别，且黑熊虽然能游泳却不善潜水等，因此并不能解释"天池怪兽"之谜。

于是有人又提出"怪兽"很可能是水獭。水獭身体细长，又善潜水，可在水下潜游很长距离。它为了觅食而进入天池，被人们远远看见，加上光线的折射，动物被放大，于是成了人们传说中的"天池怪兽"。

还有一种观点认为：天池中常有时隐时现的礁石从水中浮现，也如动物一样有时露头伸出水面，有时沉入水中。还有火山喷出的大块浮石，它在水中漂浮，在风吹之下也一动一动地在水面浮动，远远看去，也如动物一样在水中游泳。

难道许多目击者产生的都是同一错觉吗？如果不是，天池怪兽又是什么呢？它又是如何演变来的呢？

照片，证明怪兽确实存在。

然而，对天池水怪持否定态度的人认为：天池形成的时间并不长，最后一次喷发（1702年）距今只有279年，是不可能有中生代动物存活的，况且池中缺少大型动物赖以生存的必要的食物链，无法解释此类大动物的食物来源。

1981年7月21日，朝鲜科学考察团在池中发现一只怪兽，他们依据观察和摄影资料，判断怪兽是一只黑熊。而中国一位科学工作者提出质疑，认为人们所见的

难识庐山真面目

在江西九江市南、鄱阳湖湖口之西，有一座令人神往的山，那就是以"奇秀甲天下"而著称的庐山。然而，云雾弥漫、峰峦隐现的庐山真面目，至今仍是个悬而未决的谜。

庐山的形成只能是地质年代地壳构造运动的结果。在遥远的地质年代，这里原是一片汪洋，后经造山运动，才使庐山脱离了海洋环境。现今庐山上所裸露的岩山，如"大月山粗砂岩"就是元古代震旦纪的古老岩石。那个时代的庐山并不高，在漫长的地质年代里，它经历了数次海侵和海退。庐山大幅度上升是在距今约六七千万年前的中生代白垩纪。当时，地球上又发生了强烈的燕山构造运动，位于淮阳弧形山系顶部的庐山，受向南挤压的强力和江南古陆的夹持而上升成山。山呈肾形，为东北—西南走向，形成了一座长25千米、宽10千米、周长约70千米、海拔1474米以上的山地。这就是千古名山庐山的形成过程。

庐山"奇秀甲天下山"之说并非过誉。因为这里无论石、水、树无一不是绝佳的风景，五老绝峰，高可参天，经常云雾缭绕。说到庐山多雾，这与它处于江湖环抱的地理位置密不可分。由于雨量多、湿度大，水气不易蒸发，因此山上经常被云雾所笼罩，一年之中，差不多有190天是雾天。

庐山龙首崖

大雾茫茫，云烟飞渡，给庐山平添了不少神秘色彩。凡到庐山者，必游香炉峰，因为香炉瀑布，银河倒挂，确实迷人。李白看见香炉瀑布后，万分赞叹，留下了千古不朽的诗句："日照香炉生紫烟，遥看瀑布挂前川；飞流直下三千尺，疑是银河落九天。"香炉瀑布飞泻轰鸣之美，至今令到此观光的游者大为倾倒。

庐山有没有出现过冰川的问题一直在我国地质界存在争议。

1931年，地质学家李四光带领北京大学学生去庐山考察时，发现那里的一些第四纪沉积物，若不用冰川作用的结果来解释，很难理解。以后的几次考察，从不同的角度再研究这些现象，确信是冰川作用的结果。于是,他在一次地质学年会上发表了题为《扬子江流域之第四纪冰期》的学术演讲,提出了庐山第四纪冰川说,其主要证据是平底谷、王家坡U形谷、悬谷、冰斗和冰窖、雪坡和粒雪盆地。在堆积方面,他指出:庐山上下都堆积了大量的泥砾,这些堆积显示了冰川作用的特征。

当时,国际地质学界有一种流行的观点,认为第三纪以来,中国气候过于干燥,缺乏足够的降水量,形成不了冰川。英籍学者巴尔博根据对山西太谷第四纪地层的研究,认为华北地区的第四纪只有暖寒、干湿的气候变化,没有发生过冰期。他认为:一些类似冰川的地形,既可能是流水侵蚀所成,也可能是山体原状,而王家坡U形谷的走向可能和基岩的构造有关。法籍学者德日进也排除了庐山冰川存在的可能性。

以后的几年里,李四光也在寻找更多的冰川证据,以说服持怀疑论者。1936年,他在黄山又发现了冰川遗迹,更加证明庐山曾有冰川。他的论著《冰期之庐山》,总结了庐山的冰川遗迹,进一步肯定了庐山的冰川地形和冰碛泥砾,描述了在玉屏峰以南所发现的纹泥和白石嘴附近的羊背石。该书专门写了《冰碛物释疑》一章,对反对论者所提出的观点进行了分析与反驳。对于泥砾的成因问题,他否定了风化残积、山麓坡积、山崩、泥流等成因的可能性,再次肯定泥砾的冰川成因。不久,他又著《中国地质学》一书,着重讨论了泥流和雪线问题。对于泥流,他认为既然承认如此巨大规模的泥砾是融冻泥流所形成的,那就完全有必要承认在高山上发生过冰川作用,因为如果山下平原区发生了反复的冰冻与融化,以致产生了泥流的低温条

碧龙潭

不识庐山真面目
只缘身在此山中

件，按升高100米降低温度0.6℃计算，庐山上面的温度就要比周围平原低6℃～10℃，这样就不可避免要产生冰川。据此，反对庐山冰川的泥流作用，反过来却成了庐山冰川说的有力证据。对雪线问题，他认为在更新世时期，雪线在东亚有所降低，因此，虽然庐山海拔较低，也能发生冰川。

20世纪60年代初，黄培华再次对庐山存在第四纪冰川提出质疑。其依据是：所谓"冰碛物"不一定是冰川的堆积，其他地质作用如山洪、泥流都可以形成；地形方面，庐山没有粒雪盆地，王家谷等地都不是粒雪盆地，而且山北"冰川"遗迹遍布，何以在山南绝迹？庐山地区尚未发现喜寒动植物群，只有热带亚热带动植物。支持冰川说的曹照恒、吴锡浩从庐山的堆积物、地貌、气候及古生物方面反驳了黄培华的观点。

20世纪80年代初，持非冰川论观点的施雅风、黄培华等人又进一步从冰川侵蚀形态、冰川堆积和气候条件等方面，对庐山第四纪冰川说加以否定。持冰川论观点的景才瑞、周慕林等人则从地貌、堆积，特别是冰川时、空上的共性与个性等方面进一步论证了庐山冰川的可能性。

在具最新论据的争论中，持非冰川论观点的谢又予、崔之久作了庐山第四纪沉积物化学全量分析，"泥砾"中砾石形状、组织的统计、分析，以及电镜扫描所采石英砂表面形态与沉积物微结构特征等，认为庐山的"冰川地貌"是受岩性、构造控制的产物，而不是真正的冰川地貌；所谓"冰川泥砾"也不是冰碛物，而是典型的水石流、泥石流和坡积的产物。

以上的争论并没有完结，面对庐山的地貌和沉积物这一共同事实，争论一方说是冰川作用的证据，而另一方却判定为非冰川作用的证据。庐山的真面目，至今仍是个谜。在庐山上是否存在过冰川，这对我国第四纪地层划分起着重要作用，因此有待于更深入的探讨。

自贡
何以成为大批恐龙的"集体墓地"

20世纪70年代初,地质部第二地质大队科技人员黄建国等人在四川自贡大山铺的公路旁裸露的岩石层中,意外地发现一处生物化石,后来经过考证,确认这就是恐龙化石。从此以后,中国考古专家云集这片丘陵僻壤,从中发现了大片连绵的化石脉,因此认定此处是化石宝库。

1977年10月,一具40吨重的完整的恐龙化石展现在目瞪口呆的人们面前。两年后,一个石油作业队在附近山坡炸石修建停车场时,"炸"出了一幅令人惊心动魄的景象:恐龙化石重重叠叠堆积一片……世界奇观出现了,一座巨大的恐龙群族"殉葬地"重见天日。

经初步发掘,在大山铺出土恐龙化石300多箱,恐龙个体200多个,比较完整的骨架18具,极其难得的头骨4个。这些珍品引起国内外科学家的浓厚兴趣,他们纷纷前来进行实地研究,希望能解开恐龙生死存亡的千古之谜。

从大山铺恐龙化石来看,恐龙并非都是庞然大物。此地当时有长20米、重40吨的"蜀龙",也有仅长1.4米、高0.7米的鸟脚龙。它们无论大小,都不显得笨重,而且精力旺盛,行动敏捷。

恐龙的智力也比较发达:剑龙类的脑智商平均值为0.56;角龙类为0.8左右;属肉食性的霸王龙和恐爪龙则超过了5,想来是因为它们要捕食素食

自贡恐龙博物馆

恐龙化石标本

性恐龙，没有较高的智力是不行的。尽管恐龙的体温比现代哺乳动物要低些，调温体制要差些，但它们不冬眠，没有羽毛，活动速度超过每小时3英里，所以科学家们认为它们是热血动物，而不是像蛇、蜥蜴一样的冷血动物。

据测算，这些恐龙是在1.6亿年前就被埋藏在地层里，在缺氧条件下，经泥沙、岩石的固结、充填、置换等石化作用，而形成现在所见到的化石。那么，是什么原因使恐龙集体死亡于此呢？

有学者认为，大约在7000万年前的白垩纪末期，地球又发生了一次强烈的地壳活动（燕山运动）。四川盆地继续隆起，浅丘开始出现，水枯林竭。从海水中隆起的四川盆地形成了得天独厚的自然环境，而自贡地区当时是一个大汇水池，于是恐龙漂集于此，直到死亡。

也有人认为，在白垩纪末期，整个地球发生了广泛性寒冷，日夜温差增大，季节交替出现。习惯热带环境的恐龙，不能像蛇、蜥蜴那样进行冬眠，又不能像毛皮动物那样躲进山洞避寒，因而这些地球霸王们受到了大自然的酷寒"惩处"。

关于恐龙在此"集体死亡"的原因说法甚多，比如有人认为是天外一颗超行星爆炸后，其强光和巨大宇宙射线引起恐龙的遗传基因突变而致灭绝。还有一种理论认为，是一颗小行星撞入地球的大海之中，使海水升温，并掀起5000米高的巨浪，使恐龙被埋入泥沙之中。另有专家认为，大山铺恐龙化石里砷含量过多，可能是恐龙吃了有毒的植物而暴死并堆积在一起。

以上诸论争讼不已，更给恐龙死亡之谜蒙上了一层神秘的面纱。

中国地理未解之谜

扫码更多资源获取

35

高原林莽未解之谜

"世界屋脊"青藏高原曾经是海洋吗

众所周知，青藏高原不仅是世界上最高大的高原，同时也是世界上最年轻的高原。它的面积约250万平方千米，平均海拔超过4500米。青藏高原由自南向北绵延不绝的一系列山脉构成。巍峨的喜马拉雅山、冈底斯山、念青唐古拉山耸立在青藏高原的西南部，中间是喀喇昆仑山、唐古拉山，北面则是广阔的昆仑山、阿尔金山和祁连山。

海贝化石

喜马拉雅山山体上的海贝化石，是青藏高原地质构造变化的物证。

青藏高原有世界上最高的山峰——珠穆朗玛峰。全世界海拔超过8000米的山峰共有14座，都位于青藏高原。青藏高原雄踞地球之巅，确实无愧于"世界屋脊"的称号。青藏高原上有许多美丽的风景：无数蔚蓝色的湖泊镶嵌在广阔的草原上，雪峰倒映其中，美丽迷人；岩石缝里喷出许多热气腾腾的泉水；附近的雪峰、湖泊在喷泉的映衬下显得格外耀眼。青藏高原的大多数山峰都覆盖着厚厚的冰雪，许多银练似的冰川点缀在群山之中，这些冰川正是大江、大河的"母亲"。发源于此的有世界著名的长江、黄河、印度河和恒河等，它们都从此汲取了丰富的水源。柴达木盆地是青藏高原地势较低的地方，

高原暮云

但海拔也有2000～3000米。

人们在为这瑰丽景色发出惊叹之余，不禁会问：青藏高原是怎么形成的？它原本就是这个样子吗？

可能我们难以想像，如今世界上最高的青藏高原曾经被埋在深深的海底，而且，喜马拉雅山至今也没有停止过上升。对1862—1932年间的测量结果进行分析就会发现，其许多地方以平均每年18.2毫米的速度在上升。如果喜马拉雅山始终按照这个速度上升，那么10000年以后，它将比现在还要再高182米。

在青藏高原层层叠叠的页岩和石灰岩层中，地质学家们发掘出了大量的恐龙化石、陆相植物化石、三趾马化石以及许多古代海洋生物的化石，如鹦鹉螺、三叶虫、珊瑚、笔石、菊石、海百合、苔藓虫、百孔虫、海胆和海藻等的化石。面对这些古代海洋生物化石，地质学家们的思绪也回到了遥远的地质年代。早在二三亿年前，青藏高原曾经是一片汪洋大海，它呈长条状，与太平洋、大西洋相通。后来，由于强烈的地壳运动形成了古生代的褶皱山系，海洋随之消失，古祁连山、古昆仑山产

青藏高原上的男子汉们跳起舞来充满了剽悍、粗犷之美。

39

生，而原来的柴达木古陆相对下陷，变成了大型的内陆湖盆地。经过1.5亿年漫长的中生代，长期的风化剥蚀使这些高山逐渐被夷平。高山上被侵蚀下来的大量泥沙则全部沉积到湖盆内。

地壳运动在新生代以后再次活跃起来，那些古老山脉因此而剧烈升起，"返老还童"似的重新变成高峻的大山。现今世界最高山脉所在的喜马拉雅山区在距今4000多万年前是一片汪洋大海。这里原本是连续下降区，厚达1000米的海相沉积岩层深积于此，各个时代的生物也埋藏在岩层中。随着印度洋板块不断地北移，最终与亚欧大陆板块撞在了一起，这个地区的古海受到严重挤压，褶皱因此而产生。喜马拉雅山脉从海底逐渐升起，并带着高原大幅度地隆起，"世界屋脊"从此屹立于世。

高原的强烈隆升，对亚洲东部的自然地理环境产生了深刻的影响，高原大地形的动力作用和热力作用改变了周围地区大气环流的形势。经气象学家研究得知，夏季，高原的存在诱发了西南季风，使我国东部的夏季风能长驱北上，给广大地区带来充沛的降水；冬季，高原的存在产生了西伯利亚高

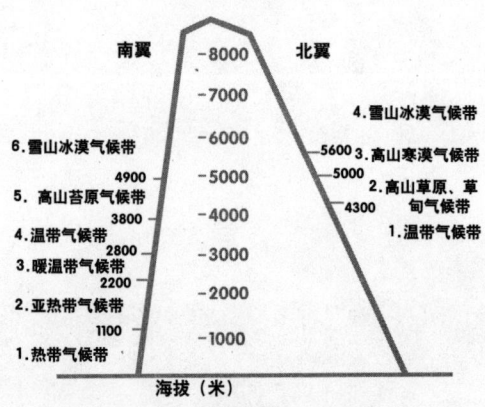

喜马拉雅山气候垂直分布示意图

压，强大的冷空气又足以席卷南部广大地区。如果我们把高原与其周围低地相比较，便可以看出它们的显著差别。高原南部的印度阿萨姆平原为热带雨林地带，而高原北部却是极端干旱的温带荒漠；高原东缘与亚热带湿润的常绿阔叶林地带相接；其西侧毗连着亚热带半干旱的森林草原和灌丛草原地带。青藏高原恰恰处在这南北迥异、东西悬殊的"十字街头"上。高原强烈隆升的结果，使气候愈来愈寒冷干燥，并且愈往中心地区愈明显，由隆升前的茂密森林过渡到了今天的高寒荒漠。相比之下，高原东南边缘变化最小，至今仍然保存着温暖湿润的森林景观。

羊群在天高云淡的青藏高原牧场上悠闲地吃草。

雅鲁藏布江源头的冰川

世界上最大的峡谷——
雅鲁藏布大峡谷

一提起世界上最大的峡谷,人们就会说是东非大裂谷。现在,经科学考证后,证明这种观点是错误的。因为科学家发现,实际上中国的雅鲁藏布大峡谷才是世界上最大的峡谷。

中国地理未解之谜

大家都知道,雅鲁藏布江是世界上最高的河流。"雅鲁藏布"是藏语,它的汉语意思就是"天河"。雅鲁藏布江发源于青藏高原西部,它由西向东日夜不停地奔流。滔滔江水横贯青藏高原西南部,被西藏人民赞为"母亲河"。在喜马拉雅山和冈底斯山、念青唐古拉山之间有一块宽为5~10千米的谷地,它就是西藏的主要耕作区——雅鲁藏布江谷地。

人们对这条河进行科学考察时发现,它的沿途有许多河流汇入,这些河流的汇入增大了雅鲁藏布江的水量。江水在东经95°附近有个大拐弯,巨大的水流将这个地方冲出了一段大峡谷。这段峡谷又长又深,举世罕见。这一发现引起了众多科学工作者的兴趣。后来,又有许多人来到这里,许多新的发现不断被公布于众。

雅鲁藏布大峡谷的自然景观壮丽旖旎。从海拔500米高的地方到5000米高的区域内,分布着从极地到赤道的不同气候带,使来到这里的人们有不同的环境体验。雅鲁藏布江之所以有如此独特的风光,主要是由于它是印度洋南部的暖湿气流进入青藏高原的主要通道。

雅鲁藏布大峡谷有着丰富多样的气候资源。海拔1100米以下是常绿季风雨林地区,这里的平均气温在16℃~18℃。在这里,热带的花木果树和亚热带的植物以及喜阴的农作物都能健康生长。海

41

拔1100—2400米的地区年平均气温是11℃～16℃，是常绿半常绿阔叶林地区，这里适宜亚热带经济作物和湿热带果树的生长。海拔2400～3800米处的气温下降为年平均2℃～11℃，是亚高山常绿叶林带，这里生长着青稞、油菜、冬小麦、马铃薯等耐寒农作物。另外，这一区域还是用材林的生产基地。3900米以上气候十分寒冷，湿气重，只能生长一些草。因此，这里成为适宜夏季放牧的优质高原牧场。

这里的生物资源十分丰富，品种多样。其中，维管束植物有3768种，是整个西藏高原植物总数的2／3；大型真菌有680余种，占西藏真菌总数的78％；鸟类有232种，占西藏鸟类总数的49％。此外，还有两栖爬虫类动物31种，昆虫200余种。

这里的水能资源也十分丰富。因为这里地势高，多峡谷悬崖，重峦叠嶂，水流至此十分湍急，遇到悬崖时就形成了许多落差大的瀑布。这里水能资源总贮量约有

雅鲁藏布江狭窄的河道

雅鲁藏布江江岸风情

雅鲁藏布江夕照

1亿千瓦，占全国的1/7。大峡谷地区又被誉为"天然冰库"。因为这里冰雪资源极为丰富，拥有面积超过4800平方千米的现代冰川。

从1994年4月13日开始，中国科学家开始对大峡谷地区进行多次的科学考察和论证，最终证实世界上最大的峡谷是中国的雅鲁藏布大峡谷。它的核心峡谷河段最深达5383米，平均深5000米，长达496.3公里。这几项指标又刷新了两项世界纪录。1998年10月18日，国务院批准命名该峡谷为"雅鲁藏布大峡谷"。

1998年10月至11月，"'98中国雅鲁藏布大峡谷科学探险考察队"成立。这次考察和以往考察的不同点在于，这是第一次徒步考察这个新发现的大峡谷。从该地区的大渡卡开始行程，到峡谷腹地墨脱县的邦博结束，全程约240千米。这中间有大约100千米的地区是无人区，那里河底陡峭，常有野兽毒虫出没，树木乱石密布，基本上没有道路，为行程增加了许多困难和危险。这次探险考察也因此成为20世纪末人类探险史上的一次壮举。这次考察的成果，将在21世纪为雅鲁藏布大峡谷的开发利用提供较为翔实的科学资料。

神奇的高原地热现象

在雄伟的冈底斯山和念青唐古拉山山下，常常能见到山峰白雪皑皑，山脚热气腾腾，蓝天雪峰的背景与冉冉升起的白色汽柱交相辉映，蔚为壮观。在青藏高原范围内共有1000余处地热区。以西藏南部的地热带为最强盛。青藏高原地热资源之丰富，类型之复杂，水热活动之强烈为全球罕见。

南起喜马拉雅山，北抵冈底斯山和念青唐古拉山，从西陲阿里向东经过藏南延伸至横断山脉折向南，迄于云南西部的强大地热带的形成，和年轻的喜马拉雅造山运动密切相关。我国科学工作者把它叫作喜马拉雅地热带。在这条地热带内有热水湖、热水沼泽、热泉、沸泉、汽泉和各种泉华等地热显示类型，还有世界上罕见的水热爆炸和间歇喷泉现象，是什么原因导致了这些现象呢？

在喜马拉雅地热带内一共找到11处水热爆炸区，其中以玛旁雍热田最为典型。

西藏 朗久地热

据目睹者介绍，1975年11月在西藏普兰县曲普地区发生了一次水热爆炸，震天巨响吓得牛羊四处逃散。巨大的黑灰色烟柱冲上天空，上升到大约八九百米的高度，形成一团黑云飘走。爆炸时抛出的石块直径大的达30厘米，爆炸后9个月，穴口依然笼罩在弥漫的蒸汽之中。留下了一个直径约25米的大坑，称为圆形爆炸穴，穴体充水成热水塘，中心有两个沸泉口，形成沸水滚滚、翻涌不息的湍流区。泉口温度无法测量，但热水塘岸边的水下温度已高达78℃。

水热爆炸是一种极其猛烈的水热活动现象，爆炸后地表留下一个漏斗状的爆炸穴，穴口周围组成的环形垣体堆积物逐渐流散，泉口涌水量慢慢减少，水质渐清，水温降低。水热爆炸通常没有固定的时间和地点，前兆不明显，过程也很短促，约在10分钟以内，因此只有少数人碰巧目睹过这种奇特的地热现象。

有人认为，水热爆炸属于火山活动的范畴，这是因为目前仅有美国、日本、新西兰和意大利等少数国家发现过水热爆炸，但几乎都出现在近代火山区内。然而，青藏高原上的水热爆炸活动和现代火山似乎没有什么联系。它是在以岩浆热源为背景的浅层含热水层中，当高温热水的温度超过了与压力相适应的沸点而骤然汽化，体积膨胀数百倍所产生的巨大压力掀开了上面的盖层而发生的爆炸。高原上水热爆炸的规模较小，但同一地点发生水热爆炸的频率却较高。如苦玛每年四五次，有的年份则多达20余次。这种罕见的高频水热爆炸活动说明，下覆热源的热能传递速率大，爆炸点的热量积累快。从地热带内其他各种迹象判断，这个热源可能是十分年

西藏羊八井地热田

轻的岩浆侵入体。19世纪末叶以来，涉足高原的任何外国探险家都没有报道过这里的水热爆炸活动，已经发现的水热爆炸活动大都发生在20世纪50年代以后，它们形成的垣体中也不见泉华碎块，这不仅说明这些水热区形成的年代较新，而且还暗示这里作为热源的壳内岩浆体很年轻，正处在初期阶段。

西藏是目前我国境内发现间歇喷泉的唯一地区，共有间歇喷泉区三处。高温间歇喷泉是自然界一种奇特而又罕见的汽水两相显示，它是在特定条件下，地下高温热水做周期性的水汽两相转化，因而使泉口间断地喷出大量汽水混合物的一种水热

间歇泉的通道上层狭窄。上层的冷水像个盖子，使下层沸水受压力越来越大，终于冲开盖子喷发出来。

断层岩石

岩浆

活动。相邻的两次喷发之间，有着相对静止的间歇期。

冈底斯山南麓的昂仁县搭各加间歇泉区位于多雄藏布河源，海拔大约5000米，共有四处间歇喷泉，都坐落在高15至30米的大型泉华台地上。最大的一处泉口直径只有30厘米，泉口东面有直径两米的热水塘由一条裂隙连通。这个间歇泉活动比较频繁，每次喷发高度由一两米至十余米不等。喷发延续时间也很不一致，短的一瞬即逝，长的可达10余分钟。每次较大的喷发来临之前，泉口及旁边的热水塘的水位缓缓抬升，随后泉口开始喷发，水柱自低而高，然后回落。有时则经过几次反复才达到激喷，汽水柱一下子上升到10米左右，持续片刻后渐渐下降，有时则又回折，几经反复直至停息。其中有一次特大喷发，随着一声巨响，高温汽、水流突然冲出泉口，即刻扩展成直径2米以上的汽、水柱，高达20米左右，柱顶的蒸汽团不断腾跃翻滚，直捣蓝天。

这种奇特的、交替变幻的喷发和休止，决定于它奇妙的地下结构和热活动过程。间歇喷泉通常位于坚固的泉华台地上，其下有体积庞大的"水室"和四周的给水系统，底部有高温热水或天然蒸汽加热，还有细长喉管直达地面的抽送系统，酷似一个完整的天然"地下锅炉"。随着水室受热升温，汽化上下蔓延，至水室内具备全面沸腾的条件时，骤然汽化所产生的膨胀压力通过抽送系统把全部汽水混合物抛掷出去构成激喷。水室排空后重又蓄水、加热，孕育着再一次喷发。

位于拉萨市西北90千米的羊八井盆地海拔4200米左右，也是典型水热爆炸类型的热田之一。这里一些巨大温泉和热水湖蒸汽升腾而成高10余米的几座白色汽柱，十分壮观。

羊八井地热田的发电潜力为17.9万千瓦，如果全部开发出来完全可以满足拉萨市及其附近地区的电力需求。

西藏地热之谜仍有待于进一步研究。

现代冰川有很多独特的景观,如冰蘑菇、冰塔林、冰桥、冰针、冰芽,还有迷人的冰川湖泊,阴森可怕的冰隧道,绚丽壮观的冰水喷泉和幽深迷人的冰洞。它们到底是怎么形成的呢?

现代冰川之谜

乔戈里峰雄姿

中国地理未解之谜

我国是世界上山岳冰川最多的国家,青藏高原地区分布最为集中,面积达34000多平方千米,约占全国冰川总面积的80%。青藏高原的冰川可分为两大类,以丁青—嘉黎—工布江达—措美为界,东侧属海洋性冰川,西侧属大陆性冰川。海洋性冰川靠丰富的降水而存在,冰川运动速度快,进退幅度大。而大陆性冰川主要依赖于低温而存在,冰川运动速度缓慢。

珠峰地区纬度低,太阳辐射强。冰川表面局部的小气候差异,造成冰面差别消融,形成许多奇丽的景色。其中,冰蘑菇是大石块被细细的冰柱所支撑,有的可高达数米。冰桥像条晶莹的纽带,连接着两个陡坎。冰墙陡峭直立,像座巨大的屏风,让人生畏。冰芽、冰针则作为奇异美景的点缀,处处可见。最令人迷惑的还要数那千姿百态的冰塔林了。珠峰北坡绒布冰川上,发育有5.5千米长的冰塔林带。乳白色的冰塔拔地而起,一座连一座,高达几十米。有的像威严的金字塔;有的像肃穆的古刹钟楼;有的像锋利的宝剑,直刺云天;有的像温顺的长颈鹿在安详漫步,个个晶莹夺目。难怪人们都说,进入冰塔林,就把自己置身于上苍的仙境了。

在冰川发育地区,多姿的冰川湖泊景色更是迷人。有在冰川表面如蜂窝状的冰杯群;有呈长条状的冰面湖;有冰川末端的终碛堰塞湖。冰川湖泊的颜色也不尽相同,有乳白色,有蔚蓝色,也有褐黄色。随着气候的冷暖变化,冰川湖不时地打扮着自己,或大或小,或是碧水粼粼的湖面,或是明镜般的冰层。民间传说,冰川湖的水是圣洁的,仙女在冰川湖里洗澡,天马在冰川湖里饮水。在一些大的冰川湖里，还有着丰富的渔产资源，这些鱼也被藏民尊为"圣鱼"。

除上述冰川类型外，青藏高原上还有冰帽和平顶冰川。这种冰川像个盖子，覆于平顶山或冰碛平台上，其面积有大有小。祁连山脉特贴拉山的果青古尔班冰川，面积达55平方千米，是我国目前已知的最大平顶冰川。

高原地区的冰川主要分布于西昆仑和西喀喇昆仑山区、喜马拉雅山区、横断山区、祁连山区等地。其中以西昆仑、西喀喇昆仑山区的冰川最多，规模最大。世界第二高峰乔戈里峰北侧的音苏盖堤冰川长约42千米，为我国目前已知的最大冰川。在喜马拉雅山区的南北坡发育着两种不同性质的冰川，南坡为海洋性冰川，现代雪线高度达海拔4500米，冰舌末端可伸至海拔3000米；北坡的冰川属大陆性，雪线最高达海拔6000米，冰舌末端可伸至海拔5100米。横断山区、念青唐古拉山和喜马拉雅山东段是海洋性冰川发育最集中的地区，冰川分布的最南界为北纬27°。另外，在祁连山地和唐古拉山地也有较大面积的冰川。

珠峰地区悬冰川最多，其规模较小，面积一般不超过1平方千米，冰的厚度为一二十米。顾名思义，这种冰川的特征是冰川的末端悬挂在陡坡上，远远望去，成排的悬

冰桥

冰塔林

冰川就像一块块白色的盾牌挂在陡峭的山坡上。悬冰川一般是在古冰川残留地形上发育起来的。古冰期时，支流冰川向主流冰川汇集，由于主、支流冰层厚度、运行速度、冰蚀能力的差异，冰川主谷被强烈下切，支谷不得不悬于山腰上。现在，由于冰川规模缩小，主流冰川得不到足够的供给而退缩或消失，支流冰川仅能依贴于陡坡上，并时常因下端崩落而发生冰崩。

珠峰地区规模较大的冰川就是冰斗冰川，它们分布在山顶附近或分水岭两侧。在风化作用和冰蚀作用下，山地被切割，山岭被削成尖利的角峰、刃脊。角峰、刃脊间则为斗状的山坳，像一把巨大的座椅，冰川就发育在坐椅中。冰斗冰川的形状近似于卵圆形，有的近似于三角形，向冰川出口处缓缓倾斜，有些冰斗冰川向山谷推进，呈条带状伸展，成为山谷冰川。在冰川集中的地区，往往是几条山谷冰川相连，像条条玉龙盘绕于山间。

冰柱

中国地理未解之谜

在冰雪消融的暖季，冰川表面的河流遇到冰裂隙，就潜入地下变成冰下河流。冰川融水穿凿冰层，塑造出深不可测的冰井、冰漏斗，阴森可怕的冰隧道，绚丽壮观的冰水喷泉和幽深迷人的冰洞。冰洞一般出现在冰舌末端，洞口像古城的拱门，它是冰下河流的出水口。在冰雪消融旺盛的季节，洞口水流汹涌，使人难以接近。只有在断流时，人们才能去欣赏那"水晶宫"。这里冰钟乳、冰笋、冰柱比比皆是。冰洞内光怪陆离，有些地方洞中有洞，大小不一；有些地方枝枝杈杈，像个迷阵；有些地方深不可测，似无尽无头。

冰川是重要的淡水资源。高原地区冰川冰的储量约1800立方千米，是巨大的固体水库。高原上的冰川融水是大江、大河、湖泊的重要补给水源，我国西北干旱区的河西走廊就是利用祁连山的冰川融水浇灌农田的。

"雪的故乡"
喜马拉雅山之谜

"喜马拉雅"一词来自梵文，原意为"雪的故乡"。它全长2400千米，宽200至300千米，主脊山峰平均海拔达6000米，是地球上最高而又最年轻的山系。

高耸挺拔的喜马拉雅山脉东西横亘，逶迤绵延，呈一向南凸出的大弧形矗立在青藏高原的南缘。喜马拉雅山系由许多平行的山脉组成，自南而北依次可分为山麓、小喜马拉雅山和大喜马拉雅山三个带。大喜马拉雅山宽50至90千米，地势最高，是整个山系的主脉。

位于中尼边境中部的喜马拉雅山，雪峰林立，有数十座海拔7000米以上的山峰。

在这一地区，海拔8000米以上的极高峰也比较集中，仅在我国境内的就有5座，即珠穆朗玛峰、洛子峰、马卡鲁峰、卓奥友峰和希夏邦马峰。它们和境外的干城章嘉峰、马纳斯仟峰、道拉吉里峰及安那鲁纳尔峰等海拔8000米以上的山峰共同组成整个喜马拉雅山系的最高地段。

喜马拉雅山脉的南北翼自然条件差异显著，动物和植物的种类组成截然不同。这种悬殊的自然景观十分奇特，让人不得不惊叹大自然的造化之功。以喜马拉雅山脉中段为例：中喜马拉雅山的南翼山高谷深，具有湿润、

远望喜马拉雅山群峰

一队登山人沿危险的雪檐小心攀登。喜马拉雅山脉巍峨的山峰环峙，相形之下，人显得格外渺小。

中国地理未解之谜

半湿润的季风气候特点。在短短几十千米的水平距离内，相对高差达6000米至7000米，垂直自然带十分明显。

海拔1000米以下的低山及山麓地带是以婆罗双树为主的季雨林带。海拔1000米至2500米的地方为山地常绿阔叶林带，与我国亚热带的常绿阔叶林类似，主要有栲、石栎、青冈、桢楠、木荷、樟、木兰等常绿树种。林木苍郁，有多种附生植物及藤本植物杂生其间。森林中常可见到长尾叶猴、小熊猫、绿喉太阳鸟等，表现出热带、亚热带生物区系的特点。

海拔2100米至3100米的地方为针阔叶混交林带，主要由云南铁杉、高山栎和乔松等耐冷湿、耐干旱的树种组成。植物组成具有过渡特征，随季节变化而作垂直的迁移。海拔3100米至3900米的地方为以喜马拉雅冷杉为主的山地暗针叶林带。森林郁闭阴湿，地面石块及树木上长满苔藓，长松萝悬挂摇曳，形成黄绿色的"树胡子"。林麝和黑熊等适于这种环境，喜食附生在冷杉上的长松萝。冷杉林以上为糙皮桦林组成的矮曲林，形成森林的上限。

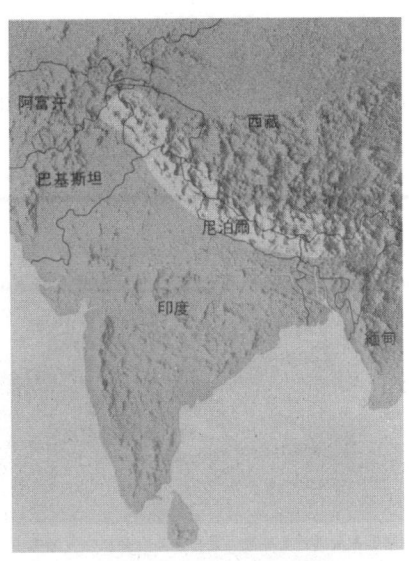

西起阿富汗，东迄缅甸，喜马拉雅山脉形成一道大屏障，把印度次大陆与亚洲大陆隔开。

森林上限以上，海拔3900米至4700米的地方为灌丛带。阴坡是各类杜鹃组成的稠密灌丛，阳坡则是匍匐生长的暗绿色圆盘状的圆柏灌丛。海拔4700米至5200米的地方为小蒿草、蓼及细柄茅等组成的高山草甸带。再往上则为高寒冻风化带及其上的永久冰雪带。

中喜马拉雅山北翼高原上气候比较干旱，没有山地森林分布。在海拔1000米至5000米的范围内生长着以紫花针茅、西藏蒿和固沙草等为主的草原植被，组成高山草原带。这里的动物多为高原上广布的种类，如藏原羚、野驴、高山田鼠、藏仓鼠、高原山鹑、褶背地鸦等。海拔5000米至6000米的地方为以小蒿草、黑穗苔草等为主的高寒草甸以及座垫植被带。主要动物有喜马拉雅旱獭、岩羚羊和藏仓鼠等。海拔5600米至雪线（6000米）间寒冻风化作用强烈，地面一片石海，只有地衣等低等植物，形成黄、橙、绿、红、黑、白等各种色彩，组成独具一格的图案。

喜马拉雅山脉的东、中、西各段也有明显差异。东段比较湿润，以山地森林带为主，南北翼山地的差异较小；西段较干旱，分布着山地灌丛草原和荒漠；中段地势高耸，南北翼山地形成鲜明对照。

喜马拉雅山的顶峰终年白雪皑皑，在红日映照下，更显得晶莹剔透、绚丽多彩；一旦漫天风雪来临，它就被裹上一层乳白色的轻纱，犹如从茫茫太空中飘来的一座玉宇。

千百年来，生活在喜马拉雅山区的人们，利用河流切穿山脉的山口地带，南北穿行。喜马拉雅山区的农业开发历史约有600多年。

藏族和其他民族在河谷阶地和缓坡上开垦耕地，修筑梯田，他们把耕地分成"巴莎"（上等地）、"夏莎"（中等地）和"切莎"（下等

珠穆朗玛峰夕照

地）等类别，开挖渠道，引雪水灌溉，种植青稞、燕麦、玉米等作物，在长期的生产实践中，积累了丰富的经验。他们根据高山冰雪消融引起的河流水量的变化，来判断气候的变化。他们看山影，观候鸟，观察报春花发芽、生叶和开花等物候现象，来掌握播种时节，安排田间管理。这些丰富的经验，对于发展喜马拉雅山区的农牧业有很实用的价值。

胡兀鹫为鹰科中大型猛禽之一。在空中盘旋寻食持续时间可达10小时，飞行高度能达8000多米，可以飞越珠穆朗玛峰。

中国地理未解之谜

  山体呈巨型金字塔的珠穆朗玛峰巍然屹立，为群峰之首。最先发现和熟悉这一世界最高峰的是我国的藏族同胞和尼泊尔人民。在西藏的历史记载和传说中，也流传着不少关于珠穆朗玛峰的故事。据西藏佛经记载，藏王下命令把这个地区作为供养百鸟的地方，当地的喇嘛教则把所有的鸟视为神。尼泊尔人民称它为"萨加玛塔"，这是一个梵语复词："萨加"意为"天"，"玛塔"意为"头"或"山峰"，两个词合在一起便是"高达天庭的山峰"或"摩天岭"之意。18世纪初，中国测量人员测定了珠穆朗玛峰的位置，并把它载入1719年铜版印制的《皇舆全览图》。

  为了攀登珠穆朗玛峰，从1921年到1938年，英国人在北坡进行过多次尝试，但都没有成功。1953年5月29日，人们首次从南坡登顶征服了世界最高峰，其中一个是尼泊尔谢尔巴族人，另一个为新西兰人。1960年5月25日，我国登山队王富洲等三人第一次从北坡登上珠穆朗玛峰，在世界登山史上写下了光辉的一页。

神奇的高原圣湖——青海湖

<u>青海湖,古称"西海",藏语叫"错温波",意为"蓝色的海洋"。从北魏起才更名为"青海",青海省因湖而得名。青海湖离西宁约200千米,海拔3200米。它的周长360千米,面积4583平方千米,是我国最大的咸水湖。</u>

大约在2000多万年前,青藏高原还是一片汪洋大海,后由于地壳运动,海底隆起成为陆地,青海湖地区因断层陷落,而成为一个巨大的外泻湖,湖水从东西口泻入黄河。到第四纪造山运动时,湖东的日月山异峰突起,封闭了泻水口,而形成内陆湖,由于各河流水进入湖中被盐化,因此成为咸水湖。古青海湖面积很大,后来因为当地气候日趋干燥,湖面逐渐缩小,以致成为现在的样子。

青海湖的四周为群山环绕,北有崇峻壮观的大通山,东有巍峨雄伟的日月山,南有逶迤绵延的青海南山,西有峥嵘挺拔的橡皮山。湖区有大小河流近30条,湖东岸有两个子湖,一个是面积10余平方千米的尕海,系咸水;另一个是面积4平方千米的耳海,为淡水。在青海湖畔眺望,苍翠群山合围,山巅冰雪皑皑,湖光潋滟,雪山倒映,水天一色,烟波浩渺,鱼群欢跃,万鸟翱翔。湖滨一望无际,地势开阔平坦,水源充足,气候温和,是水草丰美的天然牧场。夏秋草原,绿茵如毯,金黄油菜,迎风飘香;牧民帐篷,星罗棋布;牛羊成群,如云飘动。偶尔从远处传来一阵"花儿"悠扬的歌声,抒怀、畅想油然而生。这如诗如画的美景,令人流连忘返;更有日出日落的壮丽使人心旷神怡。

青海湖中心偏南的著名岛屿是海心山,长2.3千米,宽约800米,高出湖面七八米,

青海湖

自古以产"龙驹"（从波斯引进、培育的良种马）而闻名，又以佛教古刹而显神圣。这里环境幽雅，绿草如茵，天朗云薄，淡水清泉，风景宜人。古刹白塔坐落在山南石崖前，石洞内外有经堂、殿宇、僧舍数间，其法器、壁画、白塔甚是可观，堂前壁上有多座彩色佛像和生动的故事绘画。相传历史上有不少名僧曾在此修行炼丹。登上海心山的顶端，从海拔3266米的高处可俯瞰青海湖的全貌，那海阔天空的壮观，水蓝云淡的秀美，尽收眼底，一览无余。

在湖的西北部有驰名中外的鸟岛，它是最诱人的奇观。面积仅0.015平方千米，每年5、6月份是观赏鸟儿王国盛况的最佳时期。来自我国南北和东南亚等地的斑头雁、棕头鸥、鱼鸥、赤麻鸭、鸬鹚和黑颈鹤等10多种候鸟，成群结队返回故乡，营巢产卵，孵幼育雏，栖息在这个小岛上，最多可达10万只以上。它们或翱翔于蓝天之间；或嬉游于碧波之中；或悠闲信步于沙滩之上；或安然栖息在巢中，熙熙攘攘，热闹非凡。鸟儿发出的鸣声，汇集成一首奇妙的交响乐曲，娓娓动听。岛上遍地都是各式鸟巢和各色鸟蛋，几乎无游人插足之地。这个似乎散乱的众鸟部落，如遇到"天敌"，便精诚团结，群集而起，向来犯者发起猛烈攻击。万鸟齐飞时，隐天蔽日，极目纵观不由得使人心神俱往。

神农架之谜

神农架位于我国湖北省西部的大巴山区,面积有3200平方千米,林地占85%以上,海拔差不多都在千米以上,素有中华屋脊之称。神农架是个谜,神秘而博大:大量动物在此返祖变白,山溪之间出现大海独有的潮汐,真假虚实的动物故事,怪异莫测的洞穴……这些独特费解的神农架之谜,叫人眼花缭乱,浮想联翩。

谜之一:动物白化现象

我国许多城市的动物园里都养有白熊。从外表看,它们实在没有什么区别,若注意到产地栏的记载,就会发现其中的大不同。原来多数白熊都属引进的北极熊,唯独武汉动物园里的白熊标记着"神农架"三个字,是地道的"国产货"。关于神农架白熊是否真是白熊的问题,科学界在20世纪50年代就有争议,至今余波未了。

20世纪50年代初期,在神农架山林里捕到的第一只白熊,送到武汉动物园,引起了科学界的震惊。依照常理,白熊只能生活在北极圈内、北冰洋地区,神农架属中纬度地区,是亚热带向温带气候的过渡地带,怎么可能出现白熊呢?

山高谷深的神农架原始森林区

未过多久，在神农架又相继捕到四只白熊，而且雄雌老幼兼备。

20世纪70年代在两次大规模的"鄂西北奇异动物科学考察"过程中，科学工作者竟陆续见到、捕到了神奇的白蛇、白獐、白麂、白龟、白金丝猴、白苏门羚、白鹳、白皮鹭、白冠长尾雉……当地百姓还曾目睹过白"野人"、白蟾蜍等，几乎所有的动物物种都有白的。

白熊

在古代传说中，白色动物一直被视为修行千载、始悟仙道的精灵或神物。《史记·五帝本纪》中记述的曾帮助轩辕黄帝立下赫赫战功的"罴"即为白熊，《白蛇传》中的白娘子也是白蛇修成人身的。

神农架的白色动物同非白色的同种动物相比，在生活习性方面尚未发现有多大差异。

通体白色的动物在当今世界上已为数寥寥了，非洲白狮、白人猿，印度白鹿，中国台湾白猴等无不被人视为珍宝。在我国珍稀动物名录里，诸如白鹳、白冠长尾雉等占据了相当大的比重，神农架被称为"白色动物之乡"的确当之无愧，而神农架所有白色动物均享受国家一类保护动物的待遇也是理所当然的。不过人们至今还是不清楚，为什么唯独在神农架才会出现这么大规模的动物白化现象。

中国地理未解之谜

谜之二：山溪之间的潮汐

潮汐是由月球对地球的引力而产生的海水涨落现象。谁能相信，这海边特有的自然现象竟也能出现在神农架的山溪间呢？流经红花乡茅湖村境内林区的潮水河就可以看到这种现象。

观察潮水河奇观最理想的地方当数横卧于上游的一座小桥。桥不知建于何时，虽历经修补，却依然保留着原有的模样，桥墩用石头垒砌，桥身由树干架成，高丈余。平时看来，这座桥似乎架得多余。因为只有汩汩流水从桥下淌过，行人完全可以凭"石步子"安全过往。唯有到涨潮的时候才可以认识到桥的必要，那时候水位陡升，波涛翻腾，一下子便漫上桥头，需半个多钟头才会慢慢消退。溪水从观音岩上的一个岩洞中涌出，滚坡直下，最初为一挂瀑布，降至谷底才形成一条小溪。细观瀑流，时粗时细，一昼夜三变，因而引起溪水三起三落。涨潮时波澜翻滚，汹涌澎湃，落潮时水位锐减，露出岸边卵石。这与海边潮汐又不尽相同。

民间将潮水河潮汐的起因解释为犀牛翻身，讲潮水河的源头是一口深渊，有一头巨大的神犀终年睡在水里修炼，神犀有个习惯，每昼夜要翻三

神农架风光

次身,每当它翻身时就会激起渊水外溢,因而造成了河水涨潮。此说是否可视为对间歇泉的神话解释呢?地质工作者曾探察过潮水河的源头,发现观音岩上的岩洞内通地下河,地下河的源头远在海拔2060米的"一碗水","一碗水"又是一处间歇泉,因此认为潮汐为间歇泉所致。但"一碗水"究竟有多大蓄水量?间歇泉是怎么形成的?间歇泉有能量使下游的溪水如潮水般定时暴起暴跌吗?潮水河还有许多令人费解的现象。譬如,它来潮时的水色因时节而不同。若逢干旱时节,水色混浊,像暴起的山洪;若逢淫雨时节,则碧波荡漾,如奔腾的清流。为什么如此泾渭分明呢?再譬如,它左右各有一条水溪,水色也因时节而异,不过恰与潮水河色相反,这是为什么呢?这些问题谁能解答呢?

谜之三:真假虚实的动物故事

神农架动物世界奇闻特别多。1986年12月4日的《江汉早报》上赫然登着一则报道,题曰《神农架巨型水怪之谜》,称新华乡农民发现三只巨型水怪,"栖息在深水潭中,皮肤呈灰白色,头部像大蟾蜍,两只圆眼比饭碗还大,嘴巴张开有4尺多长,两前肢生有五趾……浮出水面时嘴里喷出几丈高的水柱,接着冒青烟。"

与水怪传闻大致相似的还有关于棺材兽、独角兽和驴头狼等的传闻。《神农架报》称棺材兽是自然保护区科考队员黎国华最早在神农顶东南坡发现的,是一种"长方形怪兽,头大,颈短,尾巴细长能自由摆动,时而还能搭到背脊骨上,全身麻灰色毛……向山下疾奔,碰得树枝噼呖啪啦地脆断,四蹄带起的石头轰隆隆地滚动"。《神农架之野》里说独角兽"头跟马脑壳一样,体像大型苏门羚,四肢比苏门羚还长,后腿略长,尾巴又长又细,末梢有须……前额正中生着一只黑色的弯角,像牛角,长有40厘米,从前额弯向脑后,呈半回形弧弓。后颈部长有鬃毛,类似于马鬃"。

在谜一般的神农架,还生活着一种驴头狼身的怪兽,当地群众称其为"驴头狼"。据目击者说,驴头狼"四条腿比较细长,尾巴又粗又长,除了腹部有少量白毛外,全身是灰毛。头部跟毛驴一样,而身子又跟大灰狼一样,好比是一头大灰狼被截去狼头换上了驴头,身躯比狼大得多"。长着四只像狼那样的利爪,是一种凶猛的食肉动物。当地不少人都见过它的踪迹,在20世纪60年代,有的猎手还打到过这种怪兽,可惜尸体没有保留。

这些传闻似乎荒诞可笑,但又是如此地言之凿凿,有鼻子有眼,我们能断定它的不存在吗?

中国地理未解之谜

谜之四:盛夏结冰川的洞穴

一般岩洞内都是冬暖夏凉,但这也仅是相对暖和而言,凉倒也罢了,可是隆冬热风扑面来,犹如置身于暖气房,盛夏冰川林立,好像钻进了广寒宫,这样的现象就很奇怪了。神农架就有这样一个奇洞,名叫"冰洞"。冰洞山高耸在宋洛河西侧,主峰海拔2400多米,顶部呈棱台状,正中内陷,形成一个倒扣的漏斗形天坑。天坑约10米深,7米宽,20米长,原来曾盛着半池清水,大概是周围林木被砍伐殆尽的原因,水位渐跌,以至于到今天完全枯竭了。冰洞口便显露在石体上,仅有一人多高,宽也不过4米左右。在洞口处站不上1分钟,就能强烈地感到这里气候与外界截然不同。冰洞的主洞道不长,支岔却很多,门洞稍微宽展些,越向前越狭窄,可容游人通行者不足1000米。洞内有一条暗河,基本沿

金丝猴

主洞道而流，水量不大，却可闻潺潺之声。究竟洞深几许，尚属未解之谜。冰洞内的景象因时而异：春来珠光宝气，夏至冰塔林立，秋季碧水轻流，冬时暖气融融。结冰一般在七八月开始溶化，有人做过测试，化冰时洞口温度为21℃，山麓温度为30℃。三伏盛夏，进入冰洞，犹如登上了嫦娥蟾宫。刚才还是汗流浃背，马上就有了彻骨寒意，得赶紧加穿衣服，适应了才能慢慢观赏。只见头上悬着各式各样的冰灯，脚下踩着滚瓜溜圆的冰球，四壁耸立着奇形怪状的冰柱，深处飘逸着时隐时现的冰流。那些冰灯，无不灵巧生动，辉煌耀目；那些冰球，无不通体透明，漫地滚动；那些冰柱，无不攀龙附凤，熠熠生辉；那些冰流，无不从天而降，气势逼人。在冰洞里，似乎一切全是白银打造而成，所有景观都是翡翠装点，满目是玉树琼花，遍地皆锦鳞秀甲。那些银器，工艺精巧，无与伦比；那些翡翠，色泽纯正，沁人心脾；那些玉树，参差挺拔，交相辉映；那些锦鳞，生动活泼，奔腾逶迤。

神农溪水流湍急，清可见底。

以科学的观点来分析，冰洞的奇特现象极有可能与洞体结构和所处的环境有关。冰洞山高达2000多米，冰洞深藏在天坑底部，洞道又呈正东西走向，洞体全是坚实的岩石，石体具有吸热快、散热也快的特点。冬季，地心温度高于地表，寒风有天坑遮挡，难以吹进洞内，来自地底的暖气流同外界的冷气流在洞口处相遇，于是形成了水珠。夏季情况则相反，外界的暖气流从天坑底部涌入洞内，遇上了来自地心的冷空气，温度骤降，就可能结水成冰。但这尚不是最终结论，人们仍须继续探索。

谜之五：信疑难定的"野人"传说

神秘的神农架，如梦如幻的神农架，久为世人向往，而神农架"野人"之谜更是像磁石一般吸引着世人的目光。神农架"野人"被称为当今世界四大自科学之谜中的一个（其他三个为尼斯湖水怪、百慕大三角和天外来客飞碟）。

神农架地区自古以来就有"野人"的传说。在鄂西北地区的历代地方志中都有"野人"出没的记载。据报载，至今有数百人声称他们见过"野人"。而且这样新的报道现在仍时有耳闻。在传说中，"野人"有许多与人类相似的特征：体形似人，满身红毛，无尾巴，身材高大，能直立行走，能发出类似鸟类的鸣叫声。

如此众多的报道、如此言之凿凿的描述，不能不引起科学界的关注。1976年5月，中国科学院组织了"鄂西北奇异动物考察队"深入神农架林区，收集了大量"野人"脚印、毛发、粪便样本。经初步鉴定，认为"野人"是一种接近于人类的高级灵长类动物，推测其正处于从猿到人进化过程中的一个阶段，即"正在形成的人"。

其后又有数支考察队进驻神农架林区，得出了相似的结论。但是到目前为止，还没有捕获到一个活的"野人"，因此神农架"野人"仍是一个谜。它们是尚处蒙昧阶段的原始人类？是人类的近亲灵长类动物？或者是人们虚构出来的不存在的东西？如果人类能捕捉到一个活的"野人"，也许这一切都将迎刃而解，我们拭目以待。

人类的近亲——黑猩猩

黑猩猩是人类的近亲。它们主要在树上生活，也到地面活动，必要时可直立行走，常以一夫一妻和幼子组成家庭。智力发达，似有初级思考能力，例如能将细竹竿插入粗竹竿，使其增长，用以取下高处的食物。

中国地理未解之谜

这是一幅根据大量考古发现绘制的原始人类生活复原图，神农架"野人"与这些古人类颇有相似之处。

61

"中国的百慕大"之谜

在四川盆地西南的小凉山北坡，有个叫黑竹沟的地方，被人们称之为"魔沟"、"中国的百慕大"。这里古木参天，箭竹丛生，一道清泉奔泻而出，一切都那么宁静祥和，但是这里发生的一桩桩奇事却令人大惑不解。

传说，在黑竹沟前一个叫关门石的峡口，一声人语或犬吠，都会惊动山神摩朗吐出阵阵毒雾，把闯进峡谷的人畜卷走。1955年6月，解放军测绘兵某部的两名战士，取道黑竹沟运粮，结果神秘地失踪了。部队出动两个排搜索寻找，仍一无所获。

1977年7月，四川省林业厅森林勘探设计一大队来到黑竹沟勘测，宿营于关门石附近。技术员老陈和助手小李主动承担了闯关门石的任务。第二天，他俩背起测绘包，一人捏着两个馒头便朝关门石内走去。可是到深夜，依然不见他俩回归。从次日开始，寻找失踪者的队伍四处出动，川南林业局与邻近的峨边县联合组成100余人的队伍也赶来帮助寻找。人们踏遍青山，找遍幽谷，除两张包馒头用过的纸外，再也没有发现任何蛛丝马迹。

9年后的1986年7月，川南林业局和峨边县再次联合组成二类森林资源调查队进入黑竹沟。因有前车之鉴，调查队作了充分的物质和精神准备，除必需品之外还装备了武器和通信联络设备。由于森林面积大，调查队入沟后仍然只好分组定点作业。副队长任怀带领的小组一行7人，一直推进到关门石前约2千米处。这次，他们请来了两名彝族猎手做向导。

当关门石出现在眼前时，两位猎手不想再往前走。大家好说歹说，队员郭盛富自告奋勇打头阵，他俩才勉强继续前行。及至峡口，他俩便死活不肯再跨前一步。副队长任怀不忍心再勉强他们。经过耐心细致的说服，好容易才达成一个折中的协议：先将他俩带来的两只猎犬放进沟去试探试探。第一只灵活得像猴一样的猎犬，一纵身就消失在峡谷深处。

原始森林隐藏了无数的秘密

　　可半小时过去了,猎犬杳如黄鹤。第二只黑毛犬前往寻找伙伴,结果也神秘地消失在茫茫峡谷之中。两位彝族同胞急了,忘了沟中不能"打啊啊"(高声吆喝)的祖训,大声呼唤他们的爱犬。顿时,遮天盖地的茫茫大雾不知从何处神话般地涌出,9个人尽管近在咫尺,彼此却根本无法看见。副队长任怀只好一再传话:"切勿乱走!"大约五六分种过后,浓雾又奇迹般地消退了。玉宇澄清,依然是古木参天,箭竹婆娑。队员们如同做了一场噩梦。面对可怕的险象,为确保安全,队员们只好返回。

　　黑竹沟至今仍笼罩在神秘之中,或许只有消失在其间的人才知道它的谜底,但却永远不能告诉我们了。

扫码获取更多资源

荒漠边陲
未解之谜

黄土的"原籍"在哪里

雄伟壮丽的黄土高原绵亘千里的景象蔚为壮观,几千年来无数文人墨客在此吟诗作画。一代伟人毛泽东曾在此发出"江山如此多娇"的感叹。人们在赞叹之余,不禁要问:黄土高原上的黄土到底来自何处呢?

中国西北部的黄土高原东到河北省与山西省交界的太行山,西至甘肃省乌鞘岭和青海省的日月山,南到渭河谷地关中平原以北的广大地区,北至长城,约占中国国土面积的1/20。

黄土高原海拔约为1 000～1 500米,高原上的黄土主要是一种未固结、无层理的粉沙。厚厚的黄土完全掩平了这里先期形成的地形,土层厚度达30～50米,最厚的地方甚至超过了200米。黄土由西北向东南方向逐渐变薄,颗粒由粗变细。这种黄土地貌在世界上许多地区都能看到,如欧洲、南北美洲的有些地方就分布着黄土,但面积和厚度却无法与中国西北部的黄土高原相提并论了。

黄土富含钙质结核及易溶盐,石英、云母、长石、电气石、角闪石、绿帘石等许多细粒矿物是黄土的主要成分,约占70%,余下的部分则是黏土矿物。如此大面积的黄土是从哪儿来的呢?它又是怎样形成的呢?

地质学家为了解释这些问题,综合运用地层、古生物、古气候、物质成分与结

黄土高原的地貌,沟壑纵横,蔚为奇观。

咆哮的黄河

构及年代学等领域的知识进行研究，提出了20多种黄土形成的假说。现在影响较大的有4种学说，它们是水成说、残积说、风成说及多成因说。这4种学说的主要分歧点是黄土物质的来源及黄土本身的属性等问题。

大多数学者都赞同风成说的观点。特别值得一提的是，鲁迅先生也支持这种观点。鲁迅先生在一篇地质佚文中这样写道："中国黄土高原为第四纪初由中亚沙漠独藉风力，扬沙而东形成，并引起河水变黄成为黄河。"现代学者以大量的事实为基础，分析了黄土物质的基本特点后，得出结论说中国大面积的沙漠可能是黄土源，并且认为搬运黄土物质的主要动力是风力。黄土高原的形成的形成过程是地质历史中一种综合的地质作用过程，存在着物源的形成、搬运、分选及堆积成土这三个不同的阶段。

地质学家认为，在第三纪末或第四纪初的后半期时，今天的黄土高原所在地气候潮湿多雨，河流及湖盆众多，各种流水地质作用盛行。在河水的作用下，低洼盆地中堆积了基岩山区中大量的洪积、冲积、湖积、坡积及冰积物，松散沙砾及土状混合堆积变得越来越厚，黄土物质因此有了生长的基础。

黄土高原水土流失严重，大量泥沙汇入黄河之中，泥沙的含量是世界所有河流中最高的。

黄土高坡牧羊

这里是中国重要的牧区

在大约距今120万年前的第四纪后半期,气候发生了全球性的变化,气候急剧变冷,由潮湿变为冷干,新的冰期到来。中国西北部地区在西伯利亚—蒙古高压气流的影响下,冷空气长驱直入,并受祁连山的影响分为两支,一支转向东南,构成西北风进入鄂尔多斯地区;另一支向西南构成东北风进入塔里木盆地和柴达木盆地。与此同时,来自蒙古的西风及西伯利亚的西北风分别进入中国新疆东北地区的准噶尔盆地。堆积在基岩山区的部分堆积物及盆地中的松散物质被强大的风力重新扬起,随风飘动、搬运、分选,然后分别沉积下来。日复一日,年复一年,各种堆积物越来越多,今天西北地区的砾漠、沙漠和巨厚的黄土堆积也就逐渐形成了。

另外三种关于黄土形成的假说,影响并不太大。水成说认为,流水作用使得黄土由不远的物源区搬迁堆积而成;残积说则认为基岩风化就地成土,导致了黄土的形成;而多成因说则认为黄土是上述几种因素共同作用而形成的。

时至今日,尽管四种假说都有一定的道理,但风成说还是在学术界占有绝对的优势。但是若要否定水成说、残积说等假说,也没有足够的证据。近几年,多成因说又重新抬头,向风成说提出了挑战,并且它也似乎比其他假说更为合理。孰是孰非,还很难分辨。究竟黄土高原之谜何时才能揭开呢?这只能寄希望于科学家的研究了。

干旱的新疆可能再成海洋吗

新疆维吾尔自治区位于中国西北部，是一片神奇的土地。巍峨的昆仑山、天山和阿尔泰山高高耸立；黄沙似海的塔克拉玛干和古尔班通古特大沙漠静静地躺在那里。可是，又有谁会想到，在很久很久以前，这个有着高山和沙漠的地方竟然是浩瀚的古地中海的一部分。

自然界的这一沧桑巨变，早在中国古代时，就已被我国学者们发现了。宋代著名科学家沈括在太行山东侧山石中发现蚌壳化石时，便据此作出了先前这里曾是一片汪洋的论断。在现代地质学中，这些化石是记录历史变迁的最佳载体，了解新疆的过去正是凭借这些动植物化石。

远古时候的新疆与现在迥然不同。在5亿年前的寒武纪，新疆既没有昆仑山、天山和阿尔泰山，也没有塔里木和准噶尔两大盆地。新疆东北和东南有两片古陆，西部是一片汪洋大海，称"塔里木海盆"，也叫"塔里木海"，由于两片大陆夹着一片海洋，使得整个塔里木海盆看上去像一个朝西开口的大喇叭。当时有许多原始的小动物生活在海里，其中要数三叶虫最为常见。在地壳变动中这些三叶虫被沉积物掩埋，经过自然界的长期作用，最后变成了化石。现在，这种化石在新疆的许多地方都能找到。

中国地理未解之谜

天山的阶梯带，由冰川、雪山、森林、草原到荒山大漠顺高低变化。

吐鲁番盆地炽热炎炎的火焰山
相传唐僧取经曾由此经过

距今大约 3 亿年左右的石炭纪，新疆海域的范围进一步扩大。当时，除了北面的阿尔泰山和南面的阿尔金山一带岛状山地已屹立在海面上，整个新疆几乎全都淹没在海水之中。新疆北面是准噶尔海盆，也叫"准噶尔海"，这里的海水主要来自东部；新疆南面是塔里木海盆，这里的海水主要来自西面。而深深的天山海槽则位于这两个海盆中间。由于中间没有多少阻隔，南北两个海盆当时可能是沟通的。根据推算，那时的新疆海域面积十分广阔，大小相当于现代的黄海和东海面积之和。

在那个时期，一些原始的鱼类其实和现代鱼类的样子已十分相似，只是各种器官的功能还很不完备。此外，珊瑚、带贝壳的腕足动物、海百合等也已十分普遍。在海滨地带和海岛上，许多今天已经灭绝的植物，如亚鳞木、星芦木、羊齿、轮木等蓬勃生长。地质历史时期有几个气候最温暖、湿润的时期，石炭纪便是其中之一。良好的气候条件导致当时的动物空前繁盛，可以想象那时的新疆海域欣欣向荣的情景：蔚蓝的海水拍打着岸边礁石；浅水处，珊瑚争艳，鱼儿戏水；海滨地带，高大的树林在微风吹拂下欢乐地哗哗响着。真是生机盎然，令人向往。

到了石炭纪晚期，新疆的海水开始消退，塔里木海盆的东部已抬升成为陆地。新疆海域面积从那时起就开始不断缩小。

2 亿年前是二叠纪，新疆海陆变迁在这一时期最为剧烈。大约 2.3 亿年前，又一次强烈的地球构造运动拉开了帷幕，地质史上称之为"华力西运动"。新疆在这次构造中出现了大规模的海退，海域面积急剧缩小。到二叠纪末期，新疆大部分已上升为陆地，只有最南边的喀喇昆仑山和东昆仑一带仍在海中。当时新疆已初具今天的规模，北面出现古阿尔泰山，中间是古天山，南面有古阿尔金山和古西昆仑山；古塔里木盆地和古准噶尔盆地也初步成形。这又一次的沧桑巨变使得新疆由海变陆。

二叠纪后，大约有6000万年的时间，新疆的海陆形势没有改变。那时，仅仅是古地中海的北部边缘有海水，而且很浅，且时进时退，其声势和规模已完全不能与昔日相比。新疆的再次改变发生在1.4亿年前的白垩纪到3600万年前的早第三纪。在这一时期内，塔里木盆地西部又经历了一次较大的海进。海水由西边的阿里莱海峡侵入，和田河以西塔里木地区首先被淹没。海水一直往东推进，最后进入东塔里木区，库车一带也浸入了海中。这可能是我国西部的最后一次海进。当时的海水约深100米，不算太深，并且东西不平衡，西部略深些，愈往东愈浅。在这个时期的海水中，体积微小的介型虫和有孔虫，比如形如小卵石、表面光滑的玻璃介，两侧长有突瘤的土星介及图片状币虫、圆片虫等是海水中的主要生物。大量海生物死后，其遗体掩埋在沉积物中，经过反复的物理化学变化，最后变成了石油。

安吉海河背斜——大地隆起的佐证

中国地理未解之谜

早在第三纪以后，一次强烈的地质构造运动——新构造运动开始重新设计地球的样子了，地球的大部分地区因此又发生了一次沧桑巨变。正是因为新构造运动，地球上才出现了高山、盆地、大海和湖泊，并且

昆仑山前的阿塔什山谷，伣霄的山体皱褶形式多样，是造山运动的明显特征。

与现在的布局大致相同。

新疆也受到了新构造运动的影响,自早第三纪以后,海水退尽,出现了帕米尔高原,阿里莱海峡封闭了起来。自此,新疆始终保持着大陆的形式,海水再未进过新疆。由于新构造运动的影响,青藏高原海拔升到了5000多米的高度。帕米尔高原、天山、阿尔泰山也都相继隆起,塔里木盆地和准噶尔盆地变为封闭的内陆盆地,新疆真正成为欧亚大陆的腹地。由于大陆性增强及气候变干,塔里木盆地和准噶尔盆地中出现了成片的沙漠,现代自然景观开始形成。

既然新疆历史上有过漫长的海洋时期,那么从现在的情况看,新疆还有可能再成为海洋吗?地质学家指出,随着地球历史的演进,并不排除这种可能性。当然,对人类来说,这个时期太过漫长了。只有得到更多、更深刻的科学数据,人类才能充分地了解地球历史的变迁,也才能预见到它的陆海变迁规律。

如今新疆的沙滩戈壁,不仅是一座天然的古地中海博物馆,而且是一个巨大的昔日海洋的迷宫。我们的探索只是揭开了冰山一角,它将永远吸引着一代又一代的科学工作者对其进行探索。

横穿塔克拉玛干沙漠公路,有你无虑地体验"死亡之海"的奇特魅力。

罗布泊是游移湖吗

罗布泊位于新疆塔里木盆地东部，面积约3000平方千米，湖面海拔768米，是我国仅次于青海湖的第二大咸水湖，由于河流改道和入湖水量变化，湖面逐渐缩小。沿岸盐滩、荒漠广布，人们虽然经多次考察，但还是没有找到罗布泊的确切位置，于是科学家们对罗布泊是否是游移湖产生了争论。

酷热、干旱、风沙、陡崖、盐滩，使得人们不能接近罗布泊，多少年来一直被称为"死亡之路"。历史上曾有许多中外学者试图冲破层层阻碍穿越大沙漠，完成对罗布泊的考察，然而许多人都是壮志未酬甚或是魂断沙漠。就是仅有的几次成功考察，却又在罗布泊确切位置上产生了分歧。

最先引起罗布泊是游移湖争论的是俄国探险家普热瓦尔斯基，他在1876年曾到罗布泊位于塔里木河口的喀拉和顺境内，比我国地图所记的位置还要往南，纬度大约有1°之差，而且，他所见到的湖泊是一片淡水湖，

> 罗布泊是塔里木盆地的凹陷中心，水满时形成一个大湖，干旱时则分为几个湖或消失不见。

楼兰罗布泊一带的大片雅丹地貌

芦苇丛生的大沼泽地，聚集着成千上万的鸟类。而北罗布泊的水都已干涸，变成盐滩，十分荒凉。

普热瓦尔斯基认为，罗布泊从形成时期起，它的位置和形态就随着充水量的变化而南北变动着，有时偏北，有时偏南，有时水量很多，有时则很少，甚至干涸。

瑞典的斯文·赫定到罗布泊地区考察，也认为罗布泊游移到喀拉和顺去了。斯文·赫定还推测了罗布泊游移的原因，他认为罗布泊游移是由于进入湖中的河水（塔里木河）夹带着大量泥沙，泥沙沉积在湖盆，使湖盆抬高，导致湖水往较低的方向移动。过一段时期后，被泥沙抬高露出的湖底又遭受风的吹蚀而降低，这时湖水又回到原来的湖盆中。罗布泊像钟摆一样，南北游移不定，而且游移周期可能为1500年。

但也有人认为罗布泊从来就不是个游移湖。卢支亭先生

罗布泊是曾存在过一个强盛的古国——楼兰，而今只留下这些颓壁残垣。

认为罗布泊由于受湖盆内部新构造运动和入湖水量变化的影响，在历史上常出现积水轮廓的大小变动，此种变动本来是一种自然的历史演变过程，而不能称之为游移湖或交替湖。

中国科学院新疆综合考察队地貌组通过对罗布泊进行实地调查和卫星照片分析，证明罗布泊从第四纪以来始终没有离开过罗布泊洼地，虽然由于各个历史时期的气候变化、古代水文条件的改变以及最新断块运动而导致其水量的涨缩，但它始终是在湖盆内变动，湖水从未超湖盆范围以外的湖面。

罗布泊在水面涨缩变化过程中，除了最重要的结构因素、古代水文因素，还有人为因素。进入阶级社会，一些河道的改道总是以人的因素为主的，特别是干旱少雨的塔里木河、孔雀河下游的改道，如果不与社会联系起来，从人与自然的相处上面寻找原因，是难以

罗布泊探秘

著名科学家彭加木就长眠于此（1980年），探险家余纯顺也在这里献出了宝贵的生命（1996年）。

找到正确的答案的。

从目前看，以上两种说法似乎各占其半，势均力敌，不管这个谜底究竟是什么，我们都应该好好思考，如何不要让短期的人为行动破坏自然的规律，怎样做才是对自己、对自然、对子孙负责的行为。

"魔鬼城"
是谁"建造"的

　　新疆有两座"魔鬼城":一座在东准噶尔克拉山区,另一座在准噶尔盆地西北缘的乌尔禾。每当夜晚来临时,就会有鬼哭狼嚎的声音像潮水一样从四面八方涌入城中。这时就会有狂风带着黑云,挟沙攥石在城中东奔西突……整座城堡笼罩在一片可怕的黑暗里。这么可怕恐怖的"魔鬼城"究竟是谁"建造"的呢?

　　科学家在进行了一番科学考察后,提出了"风成说"。他们认为"魔鬼城"实际上就是"风都城",这些奇异的恐怖景象并不是鬼怪们所为而是可怕的风造成的。"魔鬼城"就是科学家通常说的"风蚀地貌"。因为空气流动而形成的风将地上的沙砾和小石子吹起,不断地打击、冲撞、摩擦岩石,长年累月下来,这一地区各种不同软硬度的岩石就被风吹成了各种各样奇怪的形状。

　　"魔鬼城"的地层是古生代的沉积岩日积月累相叠而成的,所以它的岩层松实度不同,厚薄也不同。再加上这里是空气干燥终年少雨的沙漠地带,白天,火盆一样的太阳把大地烤得十分灼热;到了夜里,气温又会一下子降到很低。冷热变化过于剧烈,岩石由于忽冷忽热而碎开,这样就形成了许多孔道和裂缝。沙漠地区一年四季都有大风,且十分频繁,"风都城"因为正处于准噶尔盆地的老风口,更是常年受到从中亚沙漠地区而来的西北风的摧残。这些风都是风力很强的大风,其中有的风力竟可达12级。狂风携沙带石,冲向已被热胀冷缩弄得千疮百孔的岩石,这些软硬不一的岩石长年受此内外交攻,就变成了十分精致离奇的怪石。

"风都城"的地面上矗立着许多造型各异的山石。有的像飞檐斗拱的亭台楼榭，有的像纪念塔、金字塔，有的像"雉堞"起伏不平的古堡。岩壁中间还有蜿蜒崎岖、坎坷不平的小通道，如同城市里的马路，只是更加坎坷，更加曲折。这些已经风化的怪石，有的像鸟，有的像兽，有的像建筑，有的像人，形形色色，栩栩如生。

雨过天晴，一段彩虹竖立在乌尔禾魔鬼城上空。

科学家继续对"魔鬼城"进行探索研究，想弄明白它的成因除了风以外是否还有别的因素。最后得知，这些形态各异的岩石在很大程度上还被沙漠中来之不易的雨水切割、侵蚀过，这也是形成"魔鬼城"的一个外在因素。科学家经过进一步地探索得知，能形成"魔鬼城"的地方必须具有软硬不同、色泽不同、矿物成分不同的岩石。这样，风和雨才能发挥雕刻家的作用，造出这样的奇景。同时，岩石的叠累应是水平的，否则，岩石不但不会被风雨雕琢成形，还会土崩瓦解，这样就不会形成"魔鬼城"了。

中国地理未解之谜

寒冬的魔鬼城，更让人觉得阴森恐怖。

鸣沙之谜

所谓鸣沙,也就是会发出声响的沙子。鸣沙现象是普遍存在的,在美国的长岛、马萨诸塞湾,英国的诺森伯兰海岸,丹麦的波恩贺尔姆岛,波兰的科尔堡以及巴西、智利和亚洲与中东的一些沙滩、沙漠都会发出奇特的声响。

在我国有四处鸣沙地,第一处是已为古志(《太平御览》、《大正藏》)所载的今天甘肃敦煌市南的月牙泉畔鸣沙山,又叫雷音门;第二处是竺可桢在《沙漠里的奇怪现象》一文中描述过的宁夏中卫市沙坡头区黄河岸边的鸣沙山;第三处是新疆哈密地区巴里坤哈萨克自治县的鸣沙山;第四处是内蒙古达拉特旗(包头市附近)南25公里库布齐沙漠罕台川(黄河支流)两岸的响沙湾,这处沙山有60米高,100米宽,又叫银肯响沙("银肯"一词的蒙语为"永久"之意)。

鸣沙这种自然现象,在世界上不仅分布广,而且鸣沙发出的声音多种多样,有的如同哨声、笛声、竖琴声、提琴声,有的像雷鸣、飞机和汽车发动机的轰鸣声,还有的像狗叫声。人们对不同的鸣沙,赋予不同的名称,有的称鸣沙,有的叫歌沙、音乐沙,也有的叫咕噜沙、神沙等。

哈密鸣沙山

放大了的夏威夷鸣沙样本。这种形状不规则的鸣沙，驳倒了必须是圆沙才能发声的说法。

然而，沙为什么会"鸣"呢？这个问题使人困惑，也激起了人们对它进行研究和探索的兴趣，对鸣沙原因也有各种各样的解释。

一些学者认为，沙粒涂上了一层薄薄的钙镁化合物，在大量的沙相互摩擦时，产生了类似提琴用搓上松香的琴弓沿着琴弦奏出乐曲一样的声音。

还有的研究者认为，鸣沙的基本原理在于空气在沙粒之间的运动，当沙粒在滑动的时候，它们之间的孔隙一会儿扩大，一会儿缩小；空气一会儿钻进这些孔隙，一会儿又被挤出这些孔隙，因此便产生振动而发声。

也有一种解释：沙因带了电而引起发声。前苏联学者雷日顺利地制成了人造的发声沙。他取普通的河沙弄干，清洗沙中尘土，再从中清除别的杂质，然后在一般的起电盘的帮助下充电，接着沙开始响起来——再用一只手挤压它时，沙就发出拉提琴的响声。

马里科夫斯基在考察苏联卡尔岗上的鸣沙后，提出了自己的解释，他认为每个鸣沙沙丘的内部，都有一个密集而潮湿的沙土层，它的深度是随雨水的多少而改变的。夏季，潮湿层较深，它被上面干燥的沙土层全部覆盖起来，潮湿层的底下又是干燥的沙土层，这就可能构成一个天然的共鸣箱。当雪崩似的沙粒沿着斜坡倾泻下来时，干燥沙粒的振动波传到潮湿层，就

月牙泉

会引发共鸣——像乐器的共鸣箱一样，使沙粒的音量扩大无数倍而发出巨大声响。

苏联另一位学者在考察了中国的中卫沙坡头和达拉特旗的响沙湾后发现，两地沙子的质地均属细沙类，而且石英质地的沙粒占其中的52%—62%，于是他认为，由于石英晶体具有特殊的压电性质，使鸣沙中的这些石英沙粒对压力非常敏感。一旦受到挤压就会带电，在电的作用下它又会反复伸缩振动。振动得越厉害，产生的电压越高，电压越高，振动越厉害，于是"歌声"就越来越响。

不过石英砂的分布是很广的，响沙却没有那么普遍，而且一般鸣沙换个地方就会变"哑巴"，所以更多的人还是认为鸣沙的形成与当地特殊的地理环境有关。

1979年，我国的马玉明撰文《响沙》，提出新见解：响沙的"共鸣箱"不在地下，而是在地面上的空气里。他认为响沙的发生需具备三个条件：一是沙丘高大且陡；二是背风向阳，背风坡沙面呈月牙形；三是沙丘底下有水渗出，形成泉和潭，或有大的干河槽。而且提出，由于空气温度、湿度和风的速度经常在变化，不断影响着沙粒响声的频率和"共鸣箱"的结构，再加上策动力和沙子固有频率的变化，响沙的响声也经常变化。有时下雨天去看响沙，发现响沙不响，正是由于温度和湿度的改变破坏了响沙

鸣沙山峰

"共鸣箱"结构的缘故。像宁夏中卫沙坡头的响沙，就是由于周围造林绿化等原因破坏了共鸣的条件，响沙已有十几年不响了。

然而，国外一些海滨的响沙沙滩是相当平坦的，不存在高而陡的月牙形沙丘，而且它们往往只会在雨后不久，表面层刚刚干燥的时候发出响声。这又如何解释呢？日本京都府北面丹后半岛的海水浴场上有两处响沙：一处叫琴引滨；一处名击鼓滨。这两条沙滩不仅音色截然不同，甚至还有季节性变化。由此日本学者得出结论：海滨响沙最重要的条件是要洁净的海水不断的冲刷。夏天游泳的人太多，把海水弄得太脏，沙子便不愿响了，这与沙漠的响沙的"脾性"似乎完全两样。

我国的几种鸣沙山还有两个特别奇特的地方，在古代书籍里面曾经

月牙泉畔的驼队

记载着：第一个奇特的地方是山麓都是清泉，尽管周围的沙丘一个紧连着一个，可是千百年来泉水一直没有被黄沙掩埋。第二个奇特的地方是不管有多少人爬到沙山顶上，滑落下来多少沙子，到了第二天风又会把沙子吹到山坡上去，使沙山变得跟原来一模一样。这到底是怎么回事儿呢？它们和响沙的秘密一样，也没有一个能说服人的答案。这个谜团什么时候才能够真正地解开呢？

岛疆海国
未解之谜

daojianghaiguo
weijiezhimi

渤海古陆大平原
会再次浮出水面吗

渤海是我国的一个内海，位于辽宁、河北、山东、天津之间，是个半封闭的大陆架浅海。面积7.7万平方千米，平均水深约18米，最深处也不到100米。

沧海桑田，茫茫大海曾经是一片生机勃勃的大陆。（此图是根据考古发现绘制而成。）

说渤海曾是一个地势坦荡、一马平川的大平原，依据是什么呢？地处渤海东部的庙岛群岛就是最有力的证据。当渤海尚未形成时，庙岛群岛曾是平原上拔地而起的丘陵地带，山丘高度约200米。当时气候寒冷，由于强劲的西北风和冷风寒流互相作用，致使渤海古陆平原上飘来了大量的黄土物质。风沙不仅填平了古陆上的沟壑，而且还堆起了山丘，如今庙岛上独具特色的黄土地貌仍依稀可辨。黄土中有许多适宜寒冷气候的猛犸象、披毛犀和鹿等动植物化石。这些动植物化石表明，当时渤海古陆平原生机勃勃。10000年前的大平原上草地茫茫，人们可以想象，当时猛犸象漫步河畔，披毛犀出没其间，鹿群相互追逐，古人类尾随其后伺机捕杀的景象。这是多么富有生机的一幅古人类生活写照图啊！

在20世纪70年代初，一块从渤海海底捞起的骨头引起了考古学家的注意。经过仔细研究，这块毫不起眼的骨头被确认为披毛犀的牙齿。披毛犀身披褐色粗毛、鼻子上长着两根短角，生活在寒冷的苔地平原或是在草原上。渤海海底发现的披毛犀牙齿，使学术界对渤海的过去有了新的认识，并且开始了对渤海地形地貌的历史的研究。人们认为，渤海在遥远的过去曾是一块裸露的大陆，因为陆生的披毛犀是无法在海水中生存的。古生物学家认为，可能在晚更新世末期，距今10000年前，生活在北国的披毛犀到达渤海古陆并向南迁移。

也就是说，在距今10000年前，由于冰川范围的扩大，原先最深处也不过80米的古渤平面一下子下降了100～150米。渤海地区因此一度完全裸露成陆，形成了一片平坦的大平原，许多动物的家园。在距今大约12000年的时候，渤海古陆平原再次沉入了海底。这是因为当时全球气候变暖，冰川融化，海平面大幅度上升，渤海平原逐渐被水淹没，曾在渤海平原上奔腾不已的黄河、滦河和辽河，也随着海水重新浸入渤海古陆，成为渤海的一个组成部分。

近年来，海平面变化的问题又引起了人们的关注。有人认为海平面将会上升，有人则不这么认为。同样，人们对于渤海海平面的升降也持不同看法。有人说，海平面会上升，部分陆地会被淹没。然而也有人说海平面会下降，渤海平原会再次出现。彼此都有支持各自观点的理由。

据《滦州志》记载，1820年渤海西部的一个较有名的小岛——曹妃甸的面积约8平方千米。到1925年之后，潮水和海浪不断地冲击小岛，大片土地坍入海中。如今，曹妃甸已基本沦入海内，找不到踪影了。然而，黄河口的情形却截然相反。从1855年以来，岸滩不断拓宽和淤高，潮间带的宽度，每年拓宽数十米，久而久之就形成了1300多亩新土地。在渤海湾及莱州湾，由于许多泥沙来自黄河并不断沉积，岸线也不断向海中淤涨。

如今的渤海，由于各方面的条件错综复杂，变化也因此十分复杂。岸线有进有退，变化完全相反，并且这种完全相反的变化还将继续下去。

那么，曾一度繁荣的渤海古陆大平原，会重新露出海面吗？这是大自然留给我们的一个谜，随着时间的推移，总有一天会被解开的。

西湖的前身是海湾吗

"欲把西湖比西子,浓妆淡抹总相宜。"历来为人们认作美的化身的西湖,究竟是怎么形成的,至今学术界仍各持一端,争执不下。而弄清楚西湖形成之谜对西湖的现在和未来发展都有重要价值。

白堤

一种说法认为西湖是由于筑塘而形成的,这是古今比较一致的看法。西湖本与海通,东汉时钱塘郡议曹华信为防止海水侵入,招募城中人民兴筑了"防海大塘",修成后,"县境蒙利",因之便连钱塘县衙门也迁来了,这就是今日杭州市的前身,西湖从此与海隔绝而成为湖泊。历代学者都承袭此说,流传至今。

1909年,日本地质学者石井八万次郎提出,是火山爆发喷出岩浆阻塞海湾从而形成西湖。

我国著名科学家竺可桢通过详细调查研究,认为西湖原是一个泻湖,否认了石井八万次郎的推断。他认为,西湖本来是一个海湾,后由于江潮挟带泥沙在海湾南北两个岬角处(即今吴山和宝石山)逐渐沉淀堆积发育,最后相互连接使海湾隔绝了大海而形成泻湖。

魏嵩山先生根据《史记·秦始皇本纪》记载,公元前210年秦始皇东巡会稽,"至钱唐,临浙江,水波恶,西百二十里从狭中渡",认为当时

（杭州附近）的钱塘江水面仍相当辽阔。而《汉书·地理志》所载"武林山，武林水所出，东入海"，则更清楚地表明直到西汉时期西湖仍为海湾，杭州市区尚未成陆。因此，魏氏确信刘道真《钱唐记》所载华信筑大塘之事，认定西湖与海隔绝成为内湖，时间应当是在东汉。

林华东先生对"西湖是因为东汉华信筑塘成功后才形成"的说法提出异议，认为倘确有华信筑"防海大塘"，其功能也应是防御海潮冲击吞没陆地的捍海塘，认为东汉华信筑防海大塘时，内侧地带早已成陆，筑塘是为保护陆地不被海水吞没，而不是促成西湖的成因。林氏主张最迟在东汉之前，西湖就已形成。

吴维棠先生从西湖东岸望湖饭店地下四米深的钻孔采样中，发现有一黑色富有机质和植物残体的粘土层，通过碳14年代检测得知在距今2600年左右。白堤锦带桥两侧的五六米深处的钻孔中，有一炭化程度较高的泥炭层，厚10厘米至50厘米，用其上部的标本作碳14年代测定，为距今1805年左右。泥炭层之下是青灰色粉砂质粘土，富有机质和炭化的植物干枝，孢粉分析结果，有黑三棱、眼子菜等陆上浅水生植物，表明当时西湖已是沼泽。据此估计，西湖在春秋时代已经沼泽化。在疏通西湖的时候，工人们曾发现一些石器和战国至汉代的铁斧，很可能是人们从事渔猎生产活动失落的。因此，吴维棠先生推断：在西汉前，杭州非但不是海湾，连海湾成陆后遗留下的残迹湖（西湖）都已沼泽化。这就无怪乎《史记》、《汉书》、《越绝书》等古籍中，只记及钱塘县和别的湖泊，而没有古西湖的记载。

尽管至今人们还不能清楚地知道西湖的成因，但随着研究的深入，相信科学家会给我们一个满意的答案。

花港观鱼

作为西湖景区标志的保俶塔一如婷婷玉立的少女，以其命名的"宝石流霞"亦为西湖新十景之一。

风动石之谜

东山岛位于福建省东南部,古称铜山,是著名的海滨风景区。东山岛的闻名,除了美丽的热带海滨风光外,还因为岛上有一块奇石——风动石,它被誉为"天下第一奇石"。

风动石,危立于铜山古城东门海滨。石高4.73米,宽4.57米,长4.69米,重20多万千克,外形像一只雄兔,斜立于一块卧地盘石上,两石吻合点仅有几厘米见方。当海风从台湾海峡吹来的时候,强劲的风流会使风动石微微晃动,让人觉得岌岌可危,可风停后,风动石也随之平稳如初了。

风动石不仅在风的吹拂下会摇晃,而且人力也能使其晃动。如果找来瓦片置于石下,选择适当的位置,一个人就能把这硕大的奇石轻轻摇动起来。此时,瓦片"咯咯"作响,顷刻间化为齑粉,奇石摇动的轨迹清晰可见。

1918年2月13日,东山岛发生7.5级地震,山石滚落,屋倒人亡,可风动石却安然无恙。"七七事变"后,日军企图搬走风动石,日舰"太和丸"用钢丝索系于风动石上,开足马力,可多条钢丝索被拉断了,风动石却纹丝未动,最后日军只得放弃这一企图。

风动石历经沧桑,依然斜立如故。这块奇石是怎样形成的呢?至今是个难解的谜。

钱塘涌潮
"有信"与"无信"之谜

浙江省的钱塘江涌潮以其浩渺壮观而闻名于世。在涌潮的强度上，钱塘江潮在世界大河中数一数二；在潮景的变化上，是其他任何河流所无法与之相比的。当涌潮在天边出现的时候，如同素练横江；等涌潮长驱直入来到眼前的时候，又有万马奔腾的气势，那种雷霆万钧、锐不可当的力量给人无比强烈的视觉冲击。

中国地理未解之谜

"一年一度钱江潮"的说法是不科学的。它给不了解情况的人一个错觉，以为钱塘江潮一年只有一次。其实钱塘江在每个月都有两次大潮汛，每次大潮汛又有三五天可以观赏涌潮。钱塘江河口和杭州湾位于北纬30°至31°之间。就天文因素而言，除南岸湾口附近属非正规半日潮外，其余部位的潮汐均属半日潮，即一日有两次潮汐涨落，每次涨落历时12小时25分，两次涨落的幅度略有差别。潮汐是有"信"的，到了该来的时候就一定来，绝不会爽约。那么涌潮为什么会这么有规律呢？

我们知道，地球上的海洋潮汐是海洋水体受天体（主要是月亮和太阳）引力作用而产生的一种周期性运动。潮汐的涨落有一定的规律，中国人早就认识了这一自然现象。阴历每月有两次大潮汛，分别在朔（初一）日之后二三天和望（十五）日之后二三天，而在上、下弦之后的二三天则分

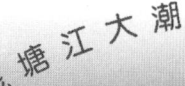

钱塘江大潮

海宁夜色

别为小潮汛。每年3月下半月至9月上半月,太阳偏向北半球时,朔汛大潮大于望汛大潮,且在大潮期间日潮总是大于夜潮;而在9月下半月至次年3月上半月,太阳偏向南半球时,情况刚好相反,朔汛大潮小于望汛大潮,大潮期间的日潮也总是小于夜潮。愈接近春分和秋分,这种差异愈小;愈接近夏至和冬至,这种差异愈大。就全年而言,则以春分和秋分前后的大潮较大。至于这两个时期的大潮哪个大,则有19.6年的周期变化,其中一半时间春分大潮大,另一半时间秋分大潮大,两者的差别也由小逐渐增大,然后又由大逐渐减小。

    风对潮汐传播也有很大影响。钱塘江涌潮若得到东风或东南风相助,将更为壮观;若遇西风或西北风,将大大逊色。因此,阴历七月望汛的大潮常常胜过阴历八月望汛大潮,俗称"鬼王潮"。阴历八月初、九月初的大潮胜过阴历八月望汛大潮的机会也很多。实际上,一年最壮观的涌潮并不都在阴历八月十八日。宋代陈师道"一年壮观尽今朝"的说法,只不过是当时已形成阴历八月十八日观潮的风气而已。

    钱塘江涌潮是东海潮波进入杭州湾后,受特殊的地理条件作用所形成的。江道地形的影响特别大,不仅使涌潮景千变万化,而且使涌潮抵达沿程各地的时间受到明显影响。在南宋之前,整个钱塘江和杭州湾平面轮廓呈一顺直的喇叭形,潮势直冲杭州以上。吕昌明量定的杭州四时潮候图便是针对当时情况制定的。自北宋末期,江道开始变弯,杭州的潮势开始衰退,至明末清初江道首次靠近盐官,海宁潮势远胜于杭州,杭州的潮候大大推迟，吕昌明量定的四时潮候图已不适用于杭州，却大体上适用于海宁。20世纪60年代后期开始大规模治江围涂，人为地加速了河口演变过程，江道形势又发生了巨大变化，沿江各处的潮势也随之而异，不仅杭州的潮候进一步推迟，海宁盐官的潮候也有所推迟。

潮汐既然是海洋水体受天体引力作用而产生的一种周期性运动，那么它应该是周而复始、永不误期的。钱塘江涌潮为海洋潮波在钱塘江河口这种特殊地形条件下的特殊表现，当然也应遵守这种规律，可是从唐代以来的记载中看，钱塘潮涌却多次失期。潮水为什么该涨的时候不涨，不该涨的时候反而巨浪滔天呢？这里恐怕跟钱塘江河口的地理有密切的联系。

钱塘江涌潮既然是东海潮波在钱塘江河口特殊地形条件下的特殊表现形式，就必然要受河口地形条件变化的左右。上述涌潮失期现象全部发生在杭州。唐朝以前，钱塘江江道顺直，潮头直冲杭州，故而杭州上下，潮势强劲。后因杭州湾北岸逐渐北退，南岸则向北淤涨；而杭州至海宁间江道又由南向北移，河道由直变弯，长度增加，涌潮也随之下移。随着历史的发展，江道的演变，杭州的潮势便有所衰退。另外，钱塘江河口的泥沙主要来自大海，涨潮流中挟带着大量泥沙，落潮时部分泥沙淤积在河口段，靠每年汛期上游来的山水将泥沙往下冲移。一旦遇上雨少天旱，山水流量小的年份，便造成河口江道淤塞，妨碍潮波传播。当江道淤塞较严重时，涌潮便不能到达杭州。所以，涌潮失期并不是没有产生涌潮，而是传播受阻，到不了杭州。

中国地理未解之谜

近二三十年内，涌潮失期现象也常有发生。不仅杭州市区，而且赭山、乔司一带也曾出现过。杭州附近曾连年发生涌潮打翻船只，甚至涌潮冲上岸掀翻汽车的事故。1976年开始，钱塘江山水偏少，加上1978年至1979年连续干旱，海宁八堡东面江心的沙洲北移，甚至同北岸相连，江道在这里又形成了一个大弯，涌潮不仅传播不到杭州，连海宁盐官镇的涌潮也大为减弱，以至于来观潮的中外游客乘兴而来，败兴而去，感叹"海宁观潮名存实亡"，"只有人潮，没有涌潮"。其实，只要地点选择得当，仍可以欣赏到颇佳的涌潮。

一般说来，涌潮总是有规律地在钱塘江上出现，但有的时候由于受复杂的环境因素的影响，偶尔会"失信"于人，这也是钱塘江潮最令人捉摸不定的所在。

蛇岛
为何只有蝮蛇

在我国辽宁省旅顺市西北的渤海中、距老铁山角约30千米处,有一个面积约1平方千米(长约1.5千米、宽约0.7千米),由石英岩、石英砂岩等组成的岛屿。这里地势陡峻,自西北向东南倾斜,海拔215.5米,多海蚀洞穴及灌木草丛。在这个岛上盘踞着成千上万的蝮蛇,因而,人们把它称为蛇岛,亦称小龙山岛。

蛇岛以蝮蛇的数目众多而闻名中外。据统计,蛇岛上的蝮蛇有14000多条,并且每年增殖1000条左右。那么,在这弹丸之地的孤岛上为什么栖息着这么多的蝮蛇?

我国科学工作者经过考察研究后认为,蛇岛特殊的地理位置为蝮蛇的生存和繁衍创造了良好的环境。

小小的蛇岛和台湾岛、海南岛等岛屿基本上都是第四纪时从大陆分离出去的"大陆岛"。蛇岛和旅顺、大连地区在地质构造、岩石性质、植物种数等方面的情况差不多。岛上的石英岩、石英砂岩和砂砾岩中,有许多大大小小的裂缝。这些裂缝既能蓄留雨水,又为蝮蛇提供了良好的居住场所。

其次,蛇岛位于暖温带海洋中,气候温和湿润,每年无霜期达180多天,是东北最暖和的地方,对植物生长和昆虫、鸟类繁殖极为有利。特别是该岛处于候鸟南北迁徙的路线上,同山东荣城、江苏盐城、上海崇明岛等候鸟栖息地连成一线。每到春秋两季,过往的候鸟有几百万只,树木茂密的蛇岛便是它们"歇脚"的好地方。由于蝮蛇有一套上树"守株逮鸟"的本领,它的鼻孔两侧的颊窝是灵敏度极高的热测位器,能测出0.001℃的温差,因而只要鸟停栖枝头,凡在距离1米左右,蝮蛇都能准确无误地把它逮住,成为一顿美餐。"植物—昆虫—鸟雀—蝮蛇",构成了蛇岛的生物链。

还有,岛上土壤相当深厚,土质结构疏松,水分丰富,宜于植物生长和蝮蛇"打洞"穴居。蝮蛇生性畏寒,洞穴为它们提供了越冬的条件。同时,岛上人迹罕至,也没有刺猬等蛇类的天敌,对蝮蛇的繁衍非常有利。蝮蛇是一种卵胎生的爬行动物,繁殖力较强,母蛇每次可产10多条小蛇。在生的多、死的少的情况下,蝮蛇日益繁盛。

如果说上述分析基本可信的话,那么,为何这些蛇竟是清一色的蝮蛇,却还是个疑谜。

有人认为,蛇岛面积很小,可供蛇类吞食的东西有限,捕食鸟类也并不容易,还往往会遭到老鹰的袭击,对于那些食性较窄、自卫能力弱的一般蛇类来说,很难在岛上生存,而蝮蛇的食性相当广,猎食和自卫能力都很强,在长期的自然演化中,蛇岛逐渐成为了单一的蝮蛇的天下。

但也有人对此不以为然,他们认为,蛇岛周围海域共有5个小岛,地理环境和气候条件差不多,为何其他4个岛上没有蝮蛇,惟独蛇岛上有这样多的蝮蛇呢?看来,这个谜还有待于科学工作者的进一步努力,才能探明其中的奥秘。

蛇岛位置示意图

古都城郭未解之谜

guduchengguo
weijiezhimi

北京古城墙为何独缺一角

明朝修建的北京内城城墙并没有组成矩形，它的东北、东南、西南角都为整齐的直角，却唯有西北角成了抹角，四角缺了一角。这是什么原因造成的呢？

紫禁城是明清两代沿用500多年的皇宫。它以辉煌的建筑和丰富的文物古迹吸引着众多的游客。1987年，联合国教科文组织将其确定为人类文化遗产。

有人认为这和明朝的创建者朱元璋有关。朱元璋统一中国后，深感"非深沟高垒、内储外备不能为安"。于是令谋臣刘伯温、姚广孝主持设计城池图样，以颁示天下如式修造。刘、姚二人反复商讨、多次修改，最后按照传统规矩画成了矩形图案上交朝廷。朱元璋看后觉得不妥，他说："自古筑城虽有一定规矩，但根据我的经验，凡事切

钟楼和鼓楼

钟鼓楼位于北京古城中轴线的北端,建于明永乐十八年(1420),后经重修。钟楼内悬大钟,鼓楼内有巨鼓,为明清时向全城鸣钟击鼓报时之处。

莫墨守成规,《礼记》云:'规矩城设,不可欺以方圆。'我看还是改动一下为好。"说罢,就提笔将矩形图案的一角抹去。随后,由皇帝改动的城池图正式诏示天下。此后明代所建之城大都遵照此式:四角缺一角。因此,北京城四面城墙也未能组成矩形,它的东北、东南、西南角是整齐的直角,而西北角从德胜门至西直门一线却成了抹角。

有的历史学家、考古工作者研究后认为:元时大都的北城墙,在现今德胜门和安定门以北五里处,至今遗迹尚在。令人注目的是,它的西北角并无异常,是呈直角的。明代重修北京城时,为了便于防守,遂放弃了北部城区,在原城墙南五里处另筑新墙。新筑的北城墙西段穿过旧日积水潭最狭窄的地方,然后转向西南,把积水潭的西端隔在城外,于是西北角就成了一个斜角。明初时,积水潭的水远比现在要深得多,面积也大得多。为了城墙的坚固和建筑的需要,城墙依地形而呈抹角是合乎情理的。所以,这种观点被大多数人所接受。

近年来,一些地质工作者提出了不同的看法。他们在研究卫星照片时发现,紧贴着城墙西北角的外侧,正巧有一条断裂带平行于城墙通过。另外,在抹角的外侧,卫星照片上隐约可见到直角的影像,这可能就是古老墙基的影像。据此,一些地质工作者提出了这样一种设想:城墙西北角最初修筑时很可能也是建成直角的,但这样一来,城墙西北角正好斜跨断裂带。由于地基建在断裂破碎带上,而

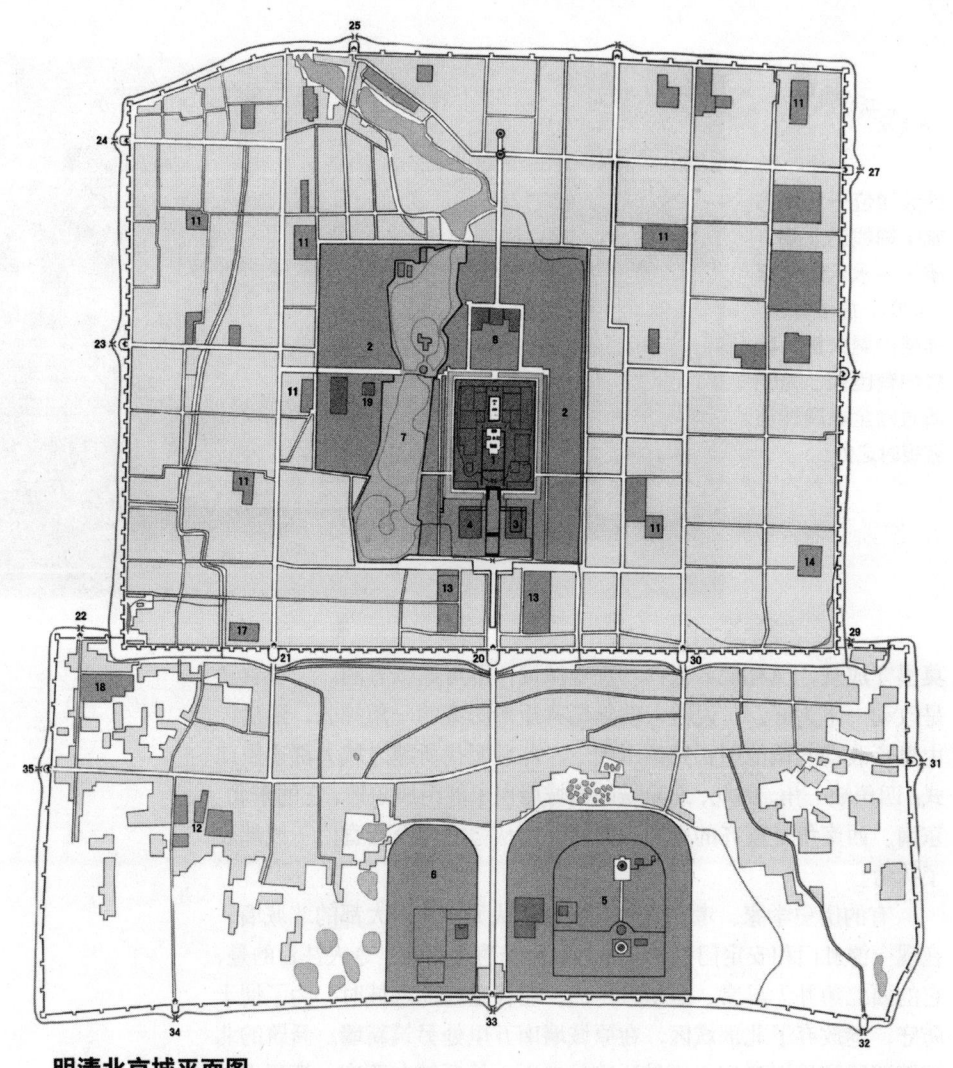

明清北京城平面图

1.紫禁城 2.皇城 3.太庙 4.社稷坛 5.天坛 6.先农坛 7.西苑 8.景山 9.太学 10.雍和宫 11.诸王公主府 12.寺庙 13.衙署 14.贡院 15.仓库 16.钟鼓楼 17.象房 18.营房 19.教堂 20.正阳门 21.宣武门 22.西便门 23.阜成门 24.西直门 25.德胜门 26.安定门 27.东直门 28.朝阳门 29.东便门 30.崇文门 31.广渠门 32.左安门 33.永定门 34.右安门 35.广安门

断裂很可能还有一些微弱的活动性，城墙的坚固性就大大减弱了。也许是因为多次倒塌，后来才改建成现在这种抹角式的城墙。这样，城墙也就巧妙地避开了断裂而能峙立长久了。

由于古籍、史书上没有这方面的确切记载，专家还不能肯定哪一种是符合事实的。不过，这个"三缺一"的城墙给人们带来了许多快乐的遐想，让人更加感到北京这个古都深厚的历史底蕴。

景山
平面图为何酷似打坐的人像

景山在紫禁城北门神武门对面，元代时本是大都城内的一座土丘，名叫青山。传说明代皇宫在这里堆存煤炭，又俗称煤山。崇祯十七年（1644年）三月十九日拂晓，李自成率起义军攻进北京，崇祯帝朱由检逃出宫城，在煤山东麓的一棵槐树上自缢。清顺治十二年（1655年）改名景山。

1987年1月在北京地区航空遥感成果展览会上，爆出了一个惊人的消息：遥感拍摄的北京景山公园平面园林图，酷似一尊盘腿打坐的人像，被称之为"景山坐像"。这不是杜撰，而是通过精密的遥感技术测定的。在园林北部的寿皇殿建筑群是"坐像"的头部，大殿和宫门组成眼、鼻、口。眼睛眯着，面带笑容；胡须是松柏；肩、胸、手、腿是南部那座山。"景山坐像"引起了科技界和考古界的广泛兴趣，几年来，专业人员为此作了大量的研究考证，但收获甚微，至今还是一个没有解开的谜。

后来，关于"景山坐像"又有了一个新说法。武当山拳法研究人员

中国地理未解之谜

景山全景

明崇祯帝上吊处

谭大江经过倾心研究分析，认为北京"景山坐像"与武当山"紫霄坐像"均为道家养生图示。"景山坐像"系道教之神，"坐像"头上戴冠，面有胡须，双手合并放在腹前，特别符合道教之神的貌态，与真武大帝像相似。而且"景山坐像"建于明朝永乐年间。明成祖朱棣打进南京，夺了皇位，也附会为得到了真武神的帮助，因此即位后即建宫观报答真武神。

若干年前，谭大江与有关人员在对武当山古建筑群研究中就发现，武当山紫霄宫建筑群与其周围山势地形是根据人体形象巧妙安排的，酷似一尊人像，所以称为"紫霄坐像"，与"景山坐像"有异曲同工之趣，所以说两者都是道家练功养生的示意图。这个推断很让人迷惑，道家为什么要将建筑设计为养生图示而却又让人不易发觉呢？谭大江认为，道教的经典《道藏》虽包含十分庞杂，但始终贯穿着一个愿望——"长生不老"。道家按照"天人合一"的道义修性炼真，并力图把这种奥秘告知世人。但是，道家最讲究的是"冲虚"、"恬淡"，在清高脱尘的心理和观念的支配下，他们又不愿将"天机"廉价地送给"俗人"，所以他们便煞费苦心地在建筑布局上"暗示"众人，通过这种玄妙的方式来启示他们。说"景山坐像"是道家练功图示，还在于北京景山公园的建筑布局、方位以及建筑景点的名称都符合于道家内功修炼的术语要求，而道家修炼功的术语从来均是以隐语出现的。

但这毕竟只是一家之见，并不能完全地解释清楚。那么这座建筑到底要告诉人们什么呢？在500年后的今天，"景山坐像"所引起的争论仍然是个谜。

避暑山庄
为何钟情青砖灰瓦

河北承德避暑山庄是中国最后一个封建王朝清朝的皇家宫殿。承德地处古北口外，其地理位置在清代很受统治者重视，顺治帝曾来围场北部察看过地形。自康熙四十一年（1702年）开始，从北京到承德及至围场沿途中修建了8处行宫，到乾隆中期，口外已有14处行宫。

避暑山庄内的建筑

避暑山庄和北京故宫同是清代皇家宫邸，但是避暑山庄里的建筑并不像故宫那样金碧辉煌，而却全部罩以灰瓦，这是为什么呢？

避暑山庄是按照康熙皇帝的意思建造的。康熙在中国历史上可算是一位远见卓识、文武兼备的明君，他对于当时社会经济的恢复和发展，反对外来殖民势力的侵略和颠覆、维护国家的统一和国内各民族的团结都做出了杰出贡献。他一生南征北战，学贯中西、知识渊博，在数学、天文、地理、医学、书法、诗画等方面都有研究。他更提倡节俭，常以"勤俭可以兴邦，奢侈可以亡国"的道理来勉励自己。正因为如此，公元1703年，康熙在修建承德离宫时，提倡以朴素淡雅为主要建筑格调，下令这里的所有建筑全部以灰瓦罩顶。

正宫门

此"避暑山庄"门额为康熙皇帝亲题。

其中最能体现他这一思想的，便是避暑山庄的正殿"澹泊敬诚"殿。此殿全部为楠木结构，俗称"楠木殿"。殿顶为灰瓦，天花板及门窗全部为楠木雕刻。殿内"宝座"上方高悬"澹泊敬诚"匾额，这四字的意思，就是康熙严于律己的节俭思想。他从诸葛亮的《诫子书》中得到启发。诸葛亮在写给儿子诸葛瞻的信中曾有这样两句话，即"非澹泊无以明志，非宁静无以致远"，意在告诫其子应该如何修身、立志、治学的道理。康熙对此十分欣赏，于是按此意把避暑山庄的正殿取名为"澹泊敬诚"殿。这样，"澹泊"二字可解释为恬淡寡欲，没有奢望，而"敬诚"二字便可引申为只有在宁静之中才能修身、养德，达到远大的目标。

既然避暑山庄外罩灰瓦，可建在离宫旁边的外八庙为何却又金碧辉煌呢？康熙和乾隆经常在承德接待漠北、漠南、青海、新疆的蒙古族、维吾尔族、哈萨克族、西藏、四川等地的藏族、苗族，以及台湾高山族等少数民族上层人物；邻国的使节也来避暑山庄觐见

避暑山庄烟波致爽殿内景

烟波致爽殿是皇帝的寝宫,建于康熙四十九年(1710年)。

皇帝。为尊重各民族的宗教信仰,避暑山庄周围建起了汉、蒙、藏等不同风格的寺庙,俗称"外八庙"。清政府在这里进行了一系列政治活动,以缓和民族矛盾,调节外交关系。外八庙位于离宫东面和北面的山麓间,其实共有12座(现存9座)。这些寺庙是按照清朝统治者的意图,实行"佛法两施"的政策而建造的宗教建筑,不仅形状高大巍峨,而且装饰华贵,更以金碧辉煌取胜。屋顶除有金漆、彩画、琉璃瓦外,有的寺庙还用上了金瓦,大大超过了皇宫的规制。这与离宫的灰瓦相比,恰恰成了十分鲜明的强烈对比。原来,皇帝这么做是为了怀柔的需要,这一切都表现了清帝"尊崇黄教、绥服远藩"的政治需要。

因此,承德不仅是清帝与后妃们避暑的胜地,也成为北京以外的第二个政治中心,对于巩固国内统一和防御外来侵略具有重要的意义。

佛教迷踪未解之谜

fojiaomizong
weijiezhimi

千佛碑的脚印是谁的

四川省新都区宝光寺内的千佛碑刻造于南北朝梁武帝大同六年，距今已有1400多年，堪称国内稀有而珍贵的佛教之物。更为奇特的是，这个寺庙里有一个巨大的脚印，而脚印的来历至今是个谜。

宝光寺罗汉堂

宝光寺千佛碑的佛像高约5厘米，双手合十，坐于莲台，纵横有序地排列在高175厘米，宽65厘米，厚14厘米的碑身四面，足有1000之数。碑正中有一穹隆状龛窟，内刻有一佛（释迦牟尼）、二菩萨（文殊、普贤），佛祖正襟危坐，菩萨侍立两旁。

碑下楞端为东、南、西、北四大天王，手执法器，勇武威严。碑额中心为接引佛，佛座下刻二力士，佛左右刻"双龙盘缀"，两条舞龙形体矫健，首尾相接，别有神韵。

　　就在此碑碑额的接引佛下，刻有一只脚印。别看它只有17厘米长，如按碑上佛像的比例折算，是相当大的。刻制佛的大脚印，在我国并不多见。据成都昭觉寺清康熙年间石刻的《释迦双迹灵相图》题记所述，释迦牟尼在逝世前，曾站在大石上对弟子阿难说：我现在即将涅槃了，特别留下这双脚印，200年之后，将有无忧王（即公元前3世纪统一印度的阿育王）到这里来弘扬佛法。

　　可见，许多佛教胜地刻制释迦牟尼双脚印的目的，是希望佛教教义广被天下，世代相传。但是，宝光寺内千佛碑上刻的是单脚印。就单脚印而言，国内其他地方尚未见到，据我国东晋高僧法显在其所著的《佛国记》中说，现今斯里兰卡中南部的圣脚山山顶，有一只长约1米的脚印，乃是释迦牟尼来此说法时留下的，这是一只左脚印，而千佛碑上刻的却是只右脚印，这是偶然的巧合，还是有别的含义和来历，这个谜一直没有人能够解开。

中国地理未解之谜

宝光寺舍利塔

107

小雁塔为何乍离乍合

小雁塔位于西安城南1.5千米处,在原唐长安城内安仁坊所在地的荐福寺内,至今已有1000多年的历史了。该塔采用密檐式砖结构建筑,形状秀丽,蔚为壮观。初建为15级,现有13级,高45米。小雁塔吸引众多游人之处,不仅是因为它的历史和建筑,还源于它神秘的四离三合。

小雁塔底层北门楣有明嘉靖三十年(1551年)"王鹤刻石"的刻石题字,上面写道:"荐福寺塔肇自唐,历宋元两代,明成化末长安地震,塔自顶至足中裂尺许,明澈如窗户,行人往往见之。正德末地再震,塔一夕如故,若有神合比之者。"这里记载了小雁塔的第一次自裂自合。原来小雁塔是由于一次地震裂开的,不过又在另一次地震中自己将裂缝合上了,真是奇怪至极。

清初名学者贾汉复、王士祯等人记述了小雁塔的另一次裂合:"荐福寺塔……十五级,嘉靖乙卯(1551年)地震裂为二,癸亥(1563年)地震复合无痕,亦一奇也。"这第二次的裂开,距王鹤刻字所记不到五年,经过了8年又第二次自然复合起来了。

小雁塔

此塔里有一口重万余斤的金代大铁钟,钟声洪亮,"雁塔晨钟"为关中八景之一。

清道光十八年（1838年），钱咏在其著作《履园丛话》中又有这样的记载："西安府南十里有雁塔，嘉靖乙卯地震，塔裂为二，癸亥复震，塔合无痕。康熙辛未（1691年）塔又裂，辛丑复合，不知其理。"后面记载的是前一次砖塔复合128年后小雁塔又一次裂开，再经30年后自然复合的第三次裂合事实。一个砖塔经过6次地震不倒塌，反而自然复合起来，确是一件令人难解的奇事。

第四次裂开虽无具体时间记载，但是这是新中国成立后许多人共睹的事实，自顶至足有1尺多宽的裂口，后经西安市人民政府进行加固和整修，才恢复了原来的面貌。

小雁塔的自裂自合共有三次，这到底是怎样形成的呢？近年来有人推测：小雁塔的离合和西安地区地面裂缝的发展和消亡的机理是一样的，是地壳运动在不同物体上的不同表现，是一种"同质异相"，即地裂、塔裂，地合、塔合。一般裂开时要快速猛烈一些，容易被人们注意到。而合拢起来时则要缓慢得多，地壳在均衡的调整应力的作用下，会自动地缓缓合拢。由于合拢的速度小，所以一般不为人们注意到。

这种因地壳运动引起小雁塔的离合之说，还不能完全令人信服。因为除了小雁塔之外，西安地区在小雁塔发生离合的三次地震中，并没有其他自动离合的例子出现，为什么独独小雁塔会四离三合呢？也许当科学更发达的时候，小雁塔离合之谜就会被揭开了。

大雁塔
位于西安市慈恩寺内，与小雁塔东西相向，是唐代古都长安保留至今的两处重要建筑，系唐代高僧玄奘为保护从印度带回来的经卷而建。

千古疑谜——佛灯

在我国庐山、青城山、峨眉山等地，每当月隐之夜，山下黑沉沉的幽谷间，会突然涌现出十到数百点荧荧火光，火光闪烁变幻。古人把它们看成是过路神灵或仙佛手提灯笼穿行在天地之间，这便是所谓的佛灯，又称圣灯、神灯。

据载，历代看到佛灯的人很多，许多文人骚客也为此留下了很多诗篇，其中著名的有南宋诗人范成大的《最高峰望雪山》，明代学者王阳明的《文殊台夜观佛灯》等。其实，佛灯现象并不常见，即便住在庐山几十年的人也很难看到一次，这就给研究者带来了重重困难，因而它成了一个至今悬而未决的千古疑谜。

1961年秋，我国著名地理学家竺可桢在考察庐山后，特地将佛灯作为庐山大自然的三个谜题（佛灯谁点燃？庐山云雾为何有声音？庐山雨为何自下往上跑？）之一，向庐山有关研究所提出来，希望科学家能认真予以研究。

据记载及目击者的描述，佛灯的颜色有白、青、蓝、绿等色，很像天上的星星，而且，在山上看，佛灯主要在山下，高度很低，忽明忽灭，闪烁离合。

根据上述佛光的几点共性，有的研究者认为它很可能是山下灯光的折射，还有人认为是星光在水中的反射，也有人说是一种大萤火虫

金顶佛光

在飞舞，更有山中蕴藏镭或金等发荧光的矿石的推测。然而最普遍的解释是磷火说，认为佛灯即民间所说"鬼火"，系山中千百年来死去的动物骨骸或地层中所含的磷质，与空气中的水分发生作用，产生磷化氢和四氧化二磷气体，它们在空气中极易自燃，因比空气轻而随风飘动，故有闪烁离合的景象。由于磷化氢燃烧时光不强，所以必须是在没有月光的夜晚才能看到。

但也有人认为，磷火说的漏洞也很多，一是磷火多贴着地面缓缓游动，不可能飘得很高，更不会"高者天半"或"有从云出者"；二是磷火的光很弱，庐山文殊台和青城山神灯亭的海拔皆在1000米以上，峨眉金顶海拔超过3000米，不可能看得那么清楚。

1981年12月14日，庐山云雾所收到海军航空兵老飞行员郭宪玉的来信，他对佛灯的来源提出了一个全新的看法，认为它是"天上的星星反射在云上的一种现象"。他说，夜间无月亮时在云上飞行，飞机下面铺天盖地的云层就像一面镜子。从上往下看，不易看到云影，只能看到云反射的无数星星。飞行员在这种情况

佛光奇观

峨眉云海 金顶浮

下易产生"倒飞错觉",就是感到天地不分,甚至会觉得是在头朝下飞行。从而联想到天黑的夜晚,若有云层飘浮在大天池文殊台下,把天上的群星反射下来,就有可能出现佛灯现象。由于半空中的云层高低不一,飘移不定,所以它反射的荧荧星光也不是固定的,也许在这个角度反射一片,在那个角度就反射另一片,从而映出闪烁离合、变幻无穷的现象。

然而,这种云反射星光的现象应该是相当普遍的,而佛灯却并非每处高山都能见到,唯独在青城山主峰高台山顶的上清宫旁的神灯亭、峨眉山的金顶睹光台和庐山大天池的文殊台才会出现,可见这一说法也不足以定论。

那么佛灯的机制又是什么呢?它与庐山等所处的地理位置又有什么关系呢?这还需进一步研究。

乐山卧佛

是自然形成的吗

乐山大佛举世闻名，它依山体雕凿而成，通长71米，是世界上最大的石刻弥勒佛坐像。然而，鲜有人知的是，乐山大佛所在的凌云山及与其相依的乌龙山、龟城山连在一起，仿佛一座更加巨大的卧佛。

1989年5月11日，广东省顺德县冲鹤乡62岁的潘鸿忠老人到四川乐山游览。当他乘船返回时，偶然地回首对岸古塔，见塔的周围正搭架重修。此时天气晴好，山水云天颇具画意。于是他举起了照相机，拍了一张风景照。5月25日，回返家乡的潘先生将照片拿出来看，友人们都称赞不已。潘先生也在一旁审视，当看到那张古塔风景照时，他突然感到照片中山形恰如一健壮男子仰卧，细看头部，更是眉目传神。老人兴奋不已，示以众人，无不称奇。潘先生将此照印制多份，寄往有关部门。一天，四川省文化厅文化通讯室甘德明收到了潘先生拍摄的乐山巨佛照片。这位从事文化事业几十年的老人，手执照片，禁不住地叫出声来："这不的的确确是一尊卧佛吗！"从照片上看去，实有一巨佛平平静静地睡躺在江面上，仰面朝天，高突的前额，圆润的鼻唇，四肢皆备。尽管如此，但是仅凭一张照片并不能确实其事，甘德明决定前去进行专门考证。

随后，一支由甘德明等人组成的乐山巨佛考察队出发了。考察队首先向潘老询问了拍照的时间、地点，及当时的情景。经过一个月的仔细考究，终于在名曰"福全门"的地方脚下了巨佛身影。据考察者认为，惟有此地才是最佳的观赏地点。从乐山河滨"福全门"处举目望去，清晰可

佛首

乐山大佛位于四川省西南的乐山市，岷江、大渡河、青衣江三江汇合处的凌云山上。大佛依山凿石而成，面对三江，背依凌云山，头与山齐，脚抵江波，依江端坐，体型魁伟壮观。始建于唐开元初年（713），历时90年始成，为凌云寺名僧海通和尚发起修建，意在镇压汹涌的江水，保佑船只安全通行。

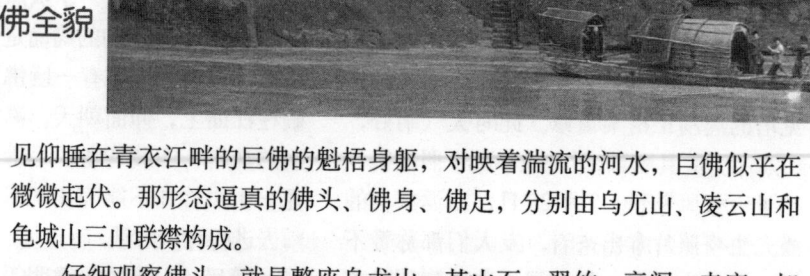

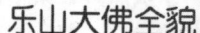
乐山大佛全貌

见仰睡在青衣江畔的巨佛的魁梧身躯，对映着湍流的河水，巨佛似乎在微微起伏。那形态逼真的佛头、佛身、佛足，分别由乌尤山、凌云山和龟城山三山联袂构成。

仔细观察佛头，就是整座乌尤山，其山石、翠竹、亭阁、寺庙，加上山径与绿荫，分别呈现为巨佛的卷卷发鬃、饱满的前额、长长的睫毛、平直的鼻梁、微启的双唇、刚毅的下颌，看上去栩栩如生。

再详视佛身，那是巍巍的凌云山，有九峰相连，宛如巨佛宽厚的胸脯，浑圆的腰脊，健美的腿胯。

远眺佛足，实际上是苍茫的龟城山的一部分，其山峰恰似巨佛翘起的脚板，好似顶天立地的"擎丘柱"，显示着巨佛的无穷神力。

总观全佛和谐自然，匀称壮硕的身段，凝重肃穆的神态，眉目传神，慈祥自如，令人惊诧不已。全佛长达4000余米，堪称奇绝。

然而，更令人称奇的是那座天下闻名的乐山大佛雕像，恰恰耸立在巨佛的胸脯上。这尊世界最高最大的石刻坐佛，身高达71米，安坐于巨佛前胸，正应了佛教所谓"心中有佛"、"心即是佛"的禅语，这是否为乐山大佛所暗示的"天机"呢？

乐山巨佛作为旅游重要景观可确定无疑了。那么，它是怎么形成的呢？这是留给世人的一个大大的谜。现在有一种推断：据《史记·河渠书》记载："蜀守冰凿离堆，辟沫水之害。""冰"者即为李冰，是中国古代著名水利工程师都江堰的创建者，"离堆"就是乌尤山。那么，应该在2100多年前古人就凿开麻浩河，造就了巨佛的头。唐代僧人惠净为乌尤山立下法规：任何人不得随意挪动和砍伐乌尤山的一石一草一树一木，代代僧众都视此为神圣不可违犯之法规。因而才保证了乌尤山林木繁茂，四季常青，使"佛头"千年完美无损。民间曾传说：唐代观音菩萨的化身叫"面然"，就是指"乌尤大士"之意。那么，是否那时人对乌尤山即是"佛头"已有所悟了呢？

但据研究乐山大佛文化和文物部门的专家们介绍，迄今为止，还没有发现和听说关于巨佛的文字记载和民间传说。那么，巨佛是纯属山形地貌的巧合吗？但为何佛体全身人工的刀迹斧痕比比皆是呢？又为什么在1200多年前的唐代开元年间，海通法师劈山雕琢乐山大佛，偏偏选中了凌云山西壁的栖鸾峰，并雕在巨佛心胸处呢？

当今，乌尤寺的僧人，身居佛中却未知巨佛，一经点破，再看乌尤山，竟犹灵佛所致。

除了巨佛形成之谜以外，再就是"福全门"之谜了。据四川省文化厅考察组报告说，要看到楚楚动人的巨佛身形，其最佳位置只有一处即"福全门"。其他任何一处观赏的效果都不是最好，或是看上去身首异处；或是佛头不清，或是佛身不全。是不是先人故隐"玄机"，以"福"喻"佛"，其寓意指惟在此处，才可观赏到巨佛全身的"佛全门"呢？

如今到乐山观光巨隐睡佛的游人络绎不绝，不仅国内如此，而且国际游人已开始慕名而来，尤其是考古学者，更是兴趣盎然，期待他们终有一天能解开巨隐睡佛之谜。

麻浩佛像之谜

所谓崖墓，就是凿山为室，整座墓穴宛如一件巨大的石雕。麻浩岩墓博物馆就藏身于乐山凌云山南麓。麻浩佛像在一号墓中。

乐山麻浩岩墓

这座一号崖墓宽11米，高3米，深达29米。在墓道门枋上，有一尊浮雕佛像，佛像宽30厘米，高40厘米，结跏坐，高肉佩顶光，线条流畅，造型古拙。经鉴定，属于原雕，也就是说这尊佛像雕刻于距今已有1800多年的东汉时期。

佛像貌不惊人，但其久远的历史，却包含着一个难解的谜：乐山地区的早期佛教究竟来自何方？

佛教传入中国，一般公认是东汉明帝永平年间(58—75年)，称为"释教之源"的洛阳白马寺就建造于那个时期。我国开始有佛教造像，是在汉献帝初平年间(190—193年)，这比麻浩岩墓的佛像起码要晚了近30年。我国著名的佛教造像，均晚于麻浩佛像：云冈石窟晚了300年，龙门石窟晚了300多年。一般公认佛教是沿着"丝绸之路"自西向东传入中原的，可是位于"丝绸之路"必经之地的敦煌莫高窟也比麻浩佛像晚了200年。那么麻浩佛像何以起始这样早呢？

乐山地处四川西南，在秦汉时期，属于边陲地带。然而恰恰在这里发现了中国早期的佛教造像，并且不只一尊；据说在众多的东汉岩墓中，已发现了六七尊，这不能不使人从另外的途径探寻乐山地区佛教的传入渠道。

岩墓口浮雕

据历史记载，东汉光武帝刘秀的儿子楚王刘英崇奉浮屠，因此有人推测佛教传入中国可能还另有一条途径，即从古印度经海路传到中国的吴楚。巴蜀和楚地被长江一水相连，巴蜀文化受楚影响很大，那么，乐山地区早期的佛教是不是从这条渠道传入的呢？

乐山麻浩岩墓墓口

还有人根据张骞出使西域的历史记载，推测远古时期有一条从印度经我国云南直通蜀地的"身毒道"。张骞从西域归来，说在大夏（今阿富汗境内）见到了蜀布和邛竹杖，得知是从身毒（古印度）买来的，又得知身毒在大夏东南数千里，在

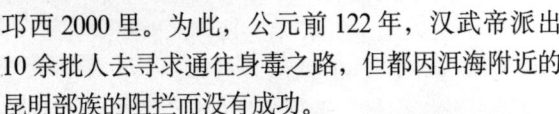

邛西2000里。为此，公元前122年，汉武帝派出10余批人去寻求通往身毒之路，但都因洱海附近的昆明部族的阻拦而没有成功。

据说，现在已有人论证了远古身毒道的存在，它比著名的"丝绸之路"还要早100多年。那么乐山地区早期的佛教是不是从这条渠道传入的呢？

东汉岩墓

莫高万道金光之谜

<u>敦煌莫高窟是我国内容最丰富、保存最完好的石窟艺术宝库。石窟艺术是建筑、雕塑、绘画三位一体的统一整体，是实用性和艺术性有机结合的完美的立体艺术。1987年12月11日，联合国教科文组织世界遗产委员会将莫高窟列入世界文化遗产清单。</u>

敦煌有不少谜，莫高窟出现的万道金光就是其中之一。

雨过天晴、空气清新的清晨或黄昏之时，如果从敦煌城驱车沿安敦公路向东南而行，就会被几十里以外的三危山呈现的奇特景象所吸引。只见这座陡然崛起、劈地摩天的大山之巅，在朝阳或落日余晖的照耀下，放射出五彩缤纷的光芒。

莫高窟的这种奇特景象，千百年引来无数人的瞩目。最早记录这一现象的，是唐朝圣历元年(698年)李怀让的《重修莫高窟佛龛碑》，碑文记载："莫高窟者，厥初秦建元二年，有沙门乐僧，戒行清虚，执心恬静，尝杖锡林野，行至此山，忽见金光，状有千佛，遂架空凿岩，造窟一龛……"文中所指的山即三危山，所造的龛像，就是敦煌千佛洞最早的洞窟。

我国最早记载山川地

莫高窟，俗称千佛洞，坐落在敦煌市城东南25公里鸣沙山断崖上，是一座中外闻名的艺术宝库。

土墩塔

历来在莫高窟修行的高僧甚多,他们死后皆藏于此,如图中的土墩塔即是高僧的舍利塔。

形的《尚书·禹贡》中就有"窜三苗于三危"的话,可见早在新石器晚期,这里就有人类活动了。据《都司志》"三危"条下注释:此山之"三峰耸峙如危欲坠,故云三危"。三危山也由此而得名。若登上山巅,可东望安西,西尽敦煌,山川树木,尽收眼底,所以古来又有"望山"之称。

对于莫高窟的佛光,科学界存在两种解释。第一种解释是,三危山纯为砂浆岩层,属玉门系老年期山,海拔高度约1846米,岩石颜色赭黑相间,岩石内还含有石英等许多矿物质,山上不生草木,由于山岩成分和颜色较为特殊,因而在大雨刚过、黄昏将临,空气又格外清新的情况下,经落日余晖一照,山上的各色岩石便同岩面上未干的雨水及空气中的水分一齐反射出五彩缤纷的光芒,将万道金光的灿烂景象展现在人们眼前。

另一种解释是:莫高窟修造在鸣沙山东麓的断崖上。崖前有条溪,在唐代叫"宕泉",现今叫大泉河,河东侧的三危山与西侧的鸣沙山遥相对峙,形成一夹角。傍晚,即将西落沉入戈壁瀚海的落日余晖,穿透空气,将五彩缤纷的万道霞光洒射在鸣沙山上,反射出万道金光,这正是我们有时看到的"夕阳西下彩霞飞"的壮丽景象。

无论是出现在三危山,还是鸣沙山两个方向的所谓"金光",都是一种在特殊条件下的自然现象,究竟何种解释更为客观,有待进一步探研,揭示谜底。

莫高窟九层楼

里面是一尊30多米高的大佛,此楼是莫高窟的象征。

119

不倒的万里雄关长城之谜

举世闻名的万里长城,东起渤海,西至祁连山下,蜿蜒于崇山峻岭之间,其雄关高崎,气势磅礴,堪称天下奇观。长城从战国时期一直修到明朝,说到修建的时间之长,工程之巨,世界上几乎没有任何建筑能与之相比。

八达岭之秋

长城的主要用途是防御北方游牧民族的侵扰。因为当时游牧民族没有固定的居处,有的部族经常劫掠外族,进犯内地,对中原的农业生产和社会安定造成很大威胁。高大的城墙便成为安全的屏障,有军队把守就更难逾越。长城的修建,还有利于开发屯田、保护屯田,促进边远地区生产的发展,保障通讯和商旅往还的安全,方便了文书的传递、使节和商旅来往。

早在战国时,七雄之一的北方强国燕国修建了易水长城,位置在燕国南部边界,大致相当于今河北易县西南,向东到文安县,长500余里。

当时也有其他国家修筑长城,后来秦

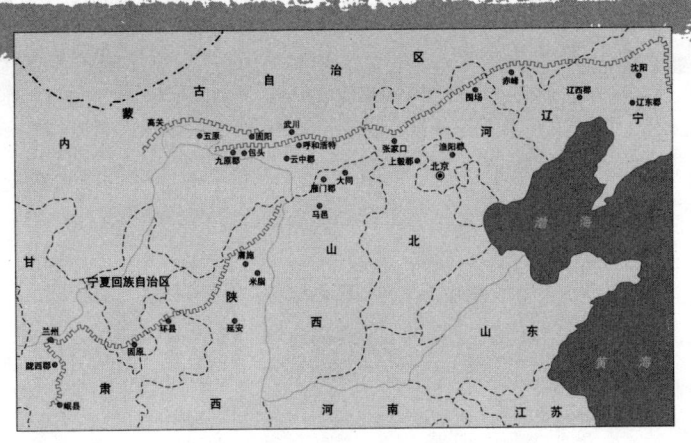

秦长城示意图

始皇修万里长城时,就把一段段六国长城连接了起来,这就有了"万里长城"的名称。

然而,如今对大多数人一来说,秦长城是什么样子,已成了一个未知之谜。从废弃在荒野中的秦长城遗址可以看出,最下一层是生土,生土上有两层压得非常坚实的黄土,黄土上筑起有夯土层的城墙,夯土层为黄色黏土夹碎石。2000多年前的人们就是用这样简陋的夯筑办法创造了人类建筑史上的奇迹。此后的1000多年时间,很多朝代都修过长城,而明朝200多年中,差不多一直没有停止过对长城的修筑。明长城东起鸭绿江,西达嘉峪关,全长12700多里。我们现在看到的主要是明长城遗迹。

中国地理未解之谜

长城烟雨

月夜中的八达岭长城
似正腾空飞向无垠天际的巨龙。

长城的建筑主要是利用地形，就地取材，有山的地方，尽量利用陡险的山脊，外侧峭直，内侧平缓。并开山取石，凿成整齐的条石，内填灰土和石灰，非常坚实。黄土地带主要用土夯筑。沙漠地带用芦苇和红柳枝条层层铺设沙粒、小石子，例如玉门关一带的汉长城就是如此，保存下来的城墙，沙粒石子已经压实，不易破坏，有些沙石与苇枝黏结在一起，相当坚固。望楼的阶梯则用几十层纤维粘叠而成。明朝的长城在重要地段用砖石垒砌，就地开窑厂烧砖瓦，采石烧石灰。

长城的城墙随地形决定高低，地势陡则矮一些，地势缓就高一些。墙身内侧隔不多远就有一个圆形拱门，门里有砖石梯通到城墙顶，供守城士兵上下。墙顶外侧砌成垛口，古代叫雉堞，上有瞭望口和射眼。城墙上每隔一定距离还有一个突出墙外的台子，叫作墙台。墙台是平时守城士卒放哨的地方，里边可住守城士卒，储存武器。这种墙台是明代名将戚继光发明的。

这么巨大的工程需要耗费天文数字的人力物力，的确不是一个朝代就能完成的。修长城时没有施工和运输的机械，主要靠人力搬运，大条石一块就有2000多斤，大城砖一块也有30多斤，内含沙石子，非常坚硬，石刻不动。搬运方法主要是排成长队传递，也采用了手推小车、滚木、撬棍、绞盘等简单的工具，有时还利用畜力替代人力，说长城凝聚了中华民族千年的智慧和血泪，是一点也不为过的。

慕田峪长城

中国地理未解之谜

塞外雄关 玉门关 之谜

一提到玉门关，人们便会联想起大漠孤烟、缭绕烽火和离愁哀怨的画面。这在很大程度上是由于唐代诗人王之涣那句"春风不度玉门关"给人们的印象太深刻了。

其实，1000多年前，玉门关是一个繁华的边关。那里万里晴空鸿雁高飞，茫茫旷野驼铃急促，商队络绎不绝，旅客川流不息。沿着这条道路，中国把美丽的丝绸，精致的瓷器，特产的茶叶，独到的中草药，率先发明的火药、造纸和印刷术通过这条"丝绸之路"传送到世界各地。同时，中国又从"丝绸之路"上输入了不少有用的东西，例如苜蓿、菠菜、葡萄、石榴、胡麻、胡萝卜、大蒜、无花果等原来没有的作物，渐渐从西域到内地落地生根。汉朝时，从伊犁河流域引进乌孙马，从大宛引进汗血马。从丝绸之路还传来了西域各地的音乐、舞蹈和宗教，使中华文化艺术吸取了新的养料。

玉门关地处"丝绸之路"的咽喉要道，控制着河西走廊以西的北线。翻开地图，在甘肃西部边陲地区不难找到"玉门关"。然而，

阳关故址

位于甘肃敦煌市城西70千米处。阳关因居玉门关之南而得名，是古代中外陆路交通咽喉之地，也是丝绸之路南路的必经关隘。

玉门关遗址

地处甘肃敦煌市西北 90 千米处小方盘城。西汉武帝时设置为通往西域的重要关隘，常设重兵驻守。它与西南之阳关同为当时通往西域各国的门户——出玉门关为北道，出阳关为南道。

这是现代的玉门关市，它与历史上的玉门关名同实异。现在的玉门关市，是中国大西北的一座石油城。

根据古籍记载，玉门关在敦煌西北 90 千米的地方，人们在这一带的荒漠之中，发现了一个名叫小方盘的土城堡，它曾经被认为是汉代玉门关遗址。登上古堡远眺，它的北面，有北山横亘天际，山前有疏勒河流过。残存的汉长城由北向南，连贯阳关。在这里还发现过写着"玉门都尉"的木简。看起来像是"铁证如山"，小方盘定是玉门关无疑。

然而，对这座里面仅有几间土房，大小与北京的四合院相差无几的古堡，今天也有人提出了质疑：难道当年设有重兵守备、通往西域的重要交通孔道，竟是这样的一个小据点？

虽然，人们对于汉代玉门关的故址莫衷一是，但是，人们宁愿把这仅存的古堡视为玉门关的遗迹。千百年来，多少人千里迢迢来到这里瞻拜，登上古堡，遥望大漠，追忆祖先的光辉业绩。在古炮台上，人们会思念起汉朝大将李广利挥麾浴血奋战的壮烈场面，可以"听到"唐朝诗人王昌龄"黄沙百战穿金甲，不破楼兰终不还"的豪迈歌声。

劝君更尽一杯酒
西出阳关无故人

中国地理未解之谜

鬼城地府丰都之谜

丰都位于三峡附近，是四川东部长江边上一个历史悠久、闻名中外的"鬼城"。

丰都鬼城奈何桥

原名通仙桥，为顺应阴曹地府之说，改为此名。建于明永乐年间。此桥民间传说颇多，自古有"行善自有神护佑，作恶难过奈何桥"之说。

在《西游记》第十回，唐太宗入阴司，遇丰都崔判官保驾；《南游记》则写了华光大帝为母三下丰都大闹阴司；《说岳全传》写何立在丰都地狱见秦桧受罪；《聊斋志异》在"丰都御史"一节中称丰都为"冥府"；《钟馗传》第一回又讲钟馗到丰都收降鬼魔。这些中国古典神话小说对"鬼城幽都"、"阴曹地府"作了形象描绘，再加上历代封建统治阶级与迷信职业者也着意渲染，鬼城丰都的名气越来越大。"人死魂归丰都，恶鬼皆下地狱"的传说越来越神。加之每年阴历三月初三的香会（即现在的庙会），四方香客云集，烛光映天，香烟缭绕，钟鼓齐鸣，诵经之声传播数里之外，更增添了"鬼城"的神气。

丰都真的是"鬼城"吗？

说到"鬼城"，就不得不提到名山。名山，原名平都山，海拔288米，因北宋大文豪苏轼诗"平都天下古名山"而得名。名山孤峰耸翠，古木参天，直插云霄。殿堂庙宇，飞檐流丹。下临长江，烟波浩渺，气象万千，构成了一幅多姿多彩的山水画卷。名山又是道家七十二神地之一。这里道观梵宇，鳞次栉比。

名山由来甚久，传说颇多。东汉刘向所著《列仙传》，东晋葛洪所撰《神仙传》，皆称平都山（今名山）为阴长生、王方平成仙飞升之地。随着历朝历代往来平都山探访者络绎不绝，阴、王二仙的故事也广泛传扬，后人误将阴、王传为"阴王"而说阴王乃"阴间之王"。阴王既然在丰都名山，"鬼城"、"幽都"自然当是在丰都了。

还有人说，名山是丰都大帝管辖的阴曹。清《玉历宝钞》载，"阴曹地府"的最高统治者是"丰都大帝，"他承天庭玉皇大帝的指令，率阎罗王等坐镇鬼城，治理鬼国。该书杜撰了丰都"鬼城地府"的机构设置，有十殿阎罗及所辖十八层地狱，有枉死城，有奈何桥、血河池、望乡台等，主要人物首为丰都大帝，管辖十殿阎罗、四大判官、十大阴帅、城隍、无常、孟婆、大小鬼卒以及各岗位职能、阴法刑律等。

名山经过历代的演变和发展，至20世纪40年代末期已形成了天子殿、大雄殿、百子殿、玉皇殿、千年殿、九蟒殿等十二殿狱的寺庙和"阴曹地府"近百个鬼神雕塑，在全国别具一格，在东南亚各国也享有盛誉。

为什么古人对丰都的印象是如此阴森可怖的一番景象，实在让人费解。每年前来探究"鬼城"的学者和游人络绎不绝。

离名山不远的地方，还有一座双峰对峙、雄姿挺拔的双桂山，位于丰都县城西北。这里一派明媚风光，一扫名山的鬼气。历史上，双桂山曾称为鹿鸣山。这里，早在唐代就建立了"鹿鸣寺"，后到明朝天顺丁丑年间（1457年），由邑进士官授江西按察司检事杨大荣捐资扩建。

鹿鸣寺庙宇雄伟，盛名远扬，它分为上、中、下三个大殿，飞檐斗拱，气势磅礴，内塑有佛爷、观音、地藏、十八罗汉等菩萨，两廊并有历代名流词赋和碑林等珍贵文物。如观音像石碑，其像是唐代画家吴道

丰都鬼城望乡台

丰都鬼城天子殿外景

子所绘,汉砖壁,距今已有2000多年的历史。鹿鸣寺结构精巧,依山傍水而立的"观音阁"、"道子堂",在寺侧显目的位置,隔远看,犹如镶嵌在双桂山上的两颗明珠。特别值得一提的是寺内有一口常年晶莹、四时沥滴的"玉鸣泉"。泉水洁净甘甜,含有多种对人体有益的微量元素,长期以来,素有"老龙水、还童水、长生水"的美称。

为纪念苏轼父子的"坡公祠"始建于明洪武初年(1368年),后祠将圮,至清同治七年(1865年),县人再集资重建,并扩大了规模,改名为"苏公祠",增添了东坡楼、白鹿、东坡塑像和洗砚池。苏公祠遭风雨摧残渐倾,于清光绪二十六年(1900年)丰都知事汪贡之又捐重金作了补修。"东坡楼"原为两层结构,飞檐阁楼,楼中悬铁钟一口,由于年久失修,楼坍钟毁,后又由县里绅民集资,于民国24年(1935年)去江西"金山寺"铸合金钟一口,名曰"世界同教丰都报恩冥阳普俐瑜伽洪钟"。据称,此钟重1000公斤,从募化制模、冶炼到铸就运出,历时13年。钟的外层全由文字幅面,铸有"闻钟声,烦恼轻,智慧长、菩提增,离地狱,出火坑,愿伏法,度众生"等佛言谶语。

1988年,丰都人在名山和双桂山之间建起了铁索桥,起名"通仙桥",使两山的自然景观、人文景观浑然一体,水乳交融。如此一来,名山的鬼气也许会渐渐消散了吧!

僰人悬棺之谜

四川珙县城南有个叫麻塘坝的地方，这里没有太高的山，但是却有许多悬崖峭壁。地球上的悬崖峭壁多得是，然而这儿的峭壁上却是挂着许多棺材，人们把这些棺材叫"古僰悬棺"。而探讨人在400年前，在那样恶劣的自然条件下，为什么且又是用什么技术把这些悬棺放到万仞绝壁上的，至今仍是一个难解的谜。

石柱悬棺

推算，其中有些棺材已经在空中足足悬挂四百多年了。邻近麻塘坝的兴文县苏麻湾高崖壁立，也布满了层层悬棺，约有50多具，蔚为奇观。另外，四川境内长江沿岸的黔江市东南官渡峡、奉节县东的风箱峡也都有悬棺。

这些悬棺都是用质地坚硬的整木雕凿而成的，或为船形，或为长方形，其安置方法大致有三种：一是在峭壁上凿孔，把木桩打入孔内，然后把棺材横放在木桩上；二是把棺材安放在露天的天然岩洞里；三是在较浅的山洞（或是人工开凿的浅洞），把棺材的一半插入洞内，一半留在外头。这些悬棺多半离地面约50米，有的竟高达100米以上。

1974年取下的10具木棺都是水平地放置在崖壁的木桩上面。1具木棺一般放在2至3根木桩上。而木桩则是钉在宽度和高度大概为12厘米、深度大概为17厘米的人工开凿的方孔内。邓家岩的7具木棺地面的高度，最高的是25米，而白马洞的3具木棺距地面的高度，最高的是44米。

取下的木棺一般都是长2米左右，最长的有2.2米。木棺的一头大，一头小，大的一头高度和宽度都是50厘米左右，小的一头的高度和宽度都是40厘米左右。木棺棺盖的形状有两种：一种的盖顶是弧形，一种的盖顶是两面斜坡的屋顶形，此外还有的盖顶形状介于二者之间。在有的木棺的端头还钉有一块木雕装饰，它的形状既

中国地理未解之谜

像手掌又像是火焰。这种装饰的具体含义是什么，我们现在还不太清楚。在有的木棺的端头横着钉有两根木棒，大概是为了抬棺所用。

木棺都是用整木挖凿而成，木棺的内外都不髹不漆，木纹清晰可见。从木棺上残存的痕迹来看，显然在制作木棺时，没有用过木锯，而可能是用铁斧和铁凿挖成的。棺盖和棺身之间有子母榫扣合，目的是为了防止棺盖脱落，在棺盖和棺身之间还用铁抓钉扣紧棺身和棺盖。木棺的木质坚硬，历史文献和民间都传说是用马桑木制成，但经过专家的鉴定，用的却是楠木。这些悬棺中的随葬物品不多，除了衣服之外，10具悬棺中随葬的所有物品一共只有40多件，一具木棺中最多的随葬物品也只有6件,有的棺内一无所有。

这些随葬物品都是日常的生活用品，种类和质量也差别不大。保存下来的有丝织品、麻织品、陶器、竹木器、瓷器、铁器、漆器、铜器，等等，其中以麻织品和竹木器的数量最多。经过清理的悬棺，在棺盖和棺身之间都被鸟雀打开了大小不等的孔洞，于是鸟雀在棺内筑巢栖息。所以，棺内杂草、树枝、羽毛和泥沙层层相间，填满了棺内。经过考古学家们的悉心清理，小心剔除这些外来杂物，才使得棺内的原物重见天日。

经过清理以后，可以看出棺内的人骨架保存基本完好，死者当年是仰身直肢地躺在棺内，左右手平放在身躯的两侧。随葬的物品都放在棺内，其中绝大部分都放在头部或者脚部的两侧，还有个别的放在左右手的两边。尸体当年是穿着各种入葬的衣服，有的还要用素面的麻布或者是有彩绣的麻布裹住尸体，再用针线将麻布缝合。

悬棺葬要耗费很大的人力物力，是什么观念支配了他们这么做的？有一种推断是，人居于山水之间，自然环境决定了他们的生活环境和生活习性，也在他们的观念意识中得到折射。悬棺一般放在靠山临水的位置，棺形也有作船形的，这表明亡灵对山水的依恋和寄托之情。把棺木放得很高，可以防潮保尸，也可以防止人兽的侵扰，但其中的

古僰悬棺

观念成分还是主要的。唐代张鷟在其所著《朝野佥载》中说，五溪蛮父母死后，置棺木"弥高者认以为至孝"，以致形成争相高挂棺木的习俗。元代李京《云南志略》上也说，土僚人死后，悬棺"以先坠为吉"。

今天，我们把架设高压电线叫高空作业。远在千百年前，人们要把沉重的棺材搬到悬崖峭壁上，论难度、论高度，不亚于高空作业。当时到底用什么巧妙手段把这些棺材搬到这么高的地方的？人们对此猜测纷纭，甚至蒙上了一层神秘色彩，因而也有把悬棺叫"仙人柜"，把悬棺葬山岩叫"神仙岩"的。最普遍的猜测是栈道说、吊装说和下悬法。栈道说者认为，在山崖上凿口子、铺设栈道，然后把棺材悬放在半山腰，或推入自然山洞内，葬完后撤去栈道。吊装论者认为棺材是由下往上吊装上去的，很可能使用了某种原始的机械。这两种说法，既有合理的成分，也有难以服人的地方。

中国地理未解之谜

悬棺中发现的衣服实物

由于古代悬棺葬盛行于长江以南的丘陵山地，1973年福建武夷山非法盗棺的犯罪行为也许给悬棺葬程序做了最好的注脚。该年9月，有两个盗棺人买了数百斤粗铁丝，制成软梯，上端紧绑在岩顶的大树根部，一人把风，一人顺梯下到岩洞，因岩洞深凹，他运足了气，荡起秋千，把身体晃进"仙洞"，撬开"金棺"取宝，锯棺三截，然后攀梯而上，结果被依法判刑。当年也许就像盗棺人的做法一样，从上缒下几个"葬礼先行官"，在洞口预先架设数尺栈道，部落人在山顶将装殓死者的棺材缓缓吊坠而下，先搁在栈道上，

木梳和铜手镯

再由"先行官"推入洞中，因为有的洞穴深度不够，所以有些悬棺的小部分还露在外头。这种猜测，可以叫"下悬法"，这种解释是否合理，有待进一步破解。

133

米兰壁画上的带翼天使从何处飞来

举世瞩目的米兰是意大利文艺复兴时期的文化中心城市之一，它那灿烂的艺术光芒辉耀亚平宁半岛。而在中国的新疆，也曾经有个辉煌的米兰古城，可惜它在沙漠中只留下一些让人唏嘘不已的残垣断壁。

1970年新年伊始，匈牙利裔英国探险家斯坦因在米兰遗址惊喜地发现了"从未报道过、完全出乎意外"的精美壁画。他后来记述说，在去米兰的路上他感到前所未有的神秘和荒凉，其神秘就在于它与世隔绝，数个世纪以来从无人打扰。更使他感兴趣的是，他在米兰挖掘出一堆沙海古卷——藏文书，这些文书是"从守卫着玄奘和马可·波罗都走过的去沙洲的路上的古戍堡里出土的"。他从一座破坏严重的寺院里，找到了不止一个完好的深亚粉雕塑的头像，在同一寺院里他还挖掘出公元3世纪以前的贝叶书，他简直欣喜若狂了。这一口气挖掘出的一件又一件稀世珍宝，足以使斯坦因富甲天下了，然而，他做梦也没有想到，更大的幸运天使般向他飞来。

一天，他来到了一座凋残的大佛寺，在长方形的基座走廊上，发现了一个呈穹顶的圆形建筑。进而，他意料不到地看见了美丽的壁画。那带翼天使的头像，东方色彩明显不如其他壁画那么突出，完全是希腊罗马风格。他叙述到："在我看来，壁画的整个构思和眼睛的表现，纯粹是西方式的。残存的带有佉卢文的题记的祷文绸带，高度可信地说明，这里的寺院废弃于3至4世纪。"斯坦因认为

米兰古城

米兰遗址上的带翼天使画像

这些壁画明显带有古罗马的艺术风格，在他看来，这些带翼的天使无疑是从欧洲的古罗马"飞"到东方古国的。这个说法引来中外学者的激烈争论。

斯坦因还找到一组欢乐的男女青年群像，"看起来是希腊罗马式的，这是一幅多么好的中国边疆佛教寺院里喜悦生活的画面"！他还以调皮的语调描述了这组画面："这些漂亮的女郎从哪里得到的玫瑰花冠？这些男青年哪来的酒碗？这一切奇怪现象仿佛是用魔法在卡尔顿周围创造出了沙漠及其滚滚沙丘，而这一伙迟到的饮宴者正在为之惊奇。"这组画面上还出现了列队行进的大象、四辆马车和骑在马背上的王子等，在造型上酷似印度艺术，但也充满了对希腊罗马古典艺术的效仿。佉卢文题记表明，这些画与尼雅卷子属于同一时代。

斯坦因特别为"带翼天使"的发现而激动。他写道："这真是伟大的发现！世界最早的安琪儿在这里找到了。她们大概在2000年前就飞到中国来了。"米兰壁画是新疆境内保存的最古老的壁画之一，这里的"带翼天使"可以说是古罗马艺术向东方传播的最远点。斯坦因的发现，轰动了欧洲文化界和考古界，米兰从此不再是一个陌生的名字，而成了世人争睹风采的所在。

在以后的时期里，新疆考古工作者又在米兰佛寺遗址发现了两幅并列的"带翼天使"。天使像为半身白地，以黑线勾镂轮廓，身体涂红色。此画位于回廊圆形建筑内壁近底部，上面有一条黑色分栏线，在这条线的右端上部有一黑红色莲花座，显示出回廊内壁绘画与雕塑的整体装饰结构，这两幅并列的"带翼天使"壁画，参照斯坦因的观点进行分析，可以看出，它们体现了希腊罗马艺术作品的美学追求。罗马艺术家使用灰泥塑成主体的块状，完全可以在护墙的内壁上运用阴阳明暗对比和渲染手法，使富有立体感的人物形

米兰古城位于新疆若羌县城东40千米处，遗址平面呈一个不规则的方形，东西长约70米，南北宽约56米。

135

象跃然壁上。壁画上天使的眼睛是完全睁开的,双眸明亮,眉毛细长,唇微合,双翅扬起,表现了追求天国生活的自信与博爱精神。这种形式迥然不同于佛教绘画准则,而更贴近古罗马艺术的美学特点。

反对斯坦因这种说法的也为数不少,比如中国学者阎文儒先生对上述观点就持反对态度,认为斯坦因"抱有偏见",因而给予猛烈抨击。阎

千年风沙吹蚀的胡杨木默默地记录着历史的沧桑。

先生说,斯坦因不仅抱有偏见,调查研究也不深入,他对丹丹乌里克、若羌磨朗寺院遗址中发现的佛教壁画,有的说法牵强附会,有的强拉西方的古代神话于佛教艺术的题材中,以致混淆了许多观念。阎先生还认为,斯坦因把丹丹乌里克两个木版画解释为《鼠王神像》和《传丝公主》是完全错误的,是对佛教不熟悉所致。对于"带翼天使"不是3、4世纪的作品,而是唐代风格之说,他认为斯坦因将绘画时代上推,是为了把这些壁画题材附会到希腊爱神上去。关于"带翼天使"神像的题材,应从佛教艺术中去寻找,因为"带翼天使"神像不仅在巴基斯坦、西亚发现过,在克孜尔、库木吐拉、森木塞木等早期石窟中甚至敦煌莫高窟唐以后壁画中,也多有表现。因此,把它说成是希腊罗马式美术作品,是根本行不通的。

仁者见仁,智者见智,是很自然的。但是,斯坦因在发掘古文物的时候,的确做了有损中国主权和伤害中国人民民族感情的事情,他的学术观点中也夹杂着谬误。尽管如此,斯坦因的探险精神却可以与科学家追求真理的精神相媲美。路途的遥远和艰险,学术生命的大量消耗,这一切对一个人来说不是轻而易举的选择,他付出的代价是巨大的,然而他热爱这样有魅力的旅行生活。考古学家勒柯克的工作仅限于绿洲之内,绝不涉足沙漠。斯坦因则不同,他既以越过艰险为荣,又以准确揭示人类历史中的真实细节为己任,进行复杂的考证工作并付出了巨大的牺牲,其目的在于有足够的实证提出并解答问题,这正是斯坦因成为当时著名考古学家的原因。他始终认为:"正因为高耸而奇妙的沙丘,才使堪称人类文化珍宝的古物得以保存下来,从而为有关遗址的众多问题提供了有价值的答案。"

米兰壁画上的带翼天使究竟从何处而来,还有待深入探索,予以破解。

夜郎古国
的确切位置之谜

"夜郎自大"这个成语来自司马迁的《史记·西南夷列传》。原文"夜郎王与汉使曰:'汉孰与我大?'"意思是说:夜郎国君对汉朝使者说:"你们汉朝大呢?还是我们夜郎国大呢?"这样,"自大"的名声2000千多年以来就一直戴在了夜郎头上。然而,有关夜郎国的历史情况,知道的人却并不多。

"夜郎古国",不管它是国家也好,或者仍然不过是一个原始部落联盟也好,但至少在战国时期至西汉河平年间,的确存在了250多年,"夜郎王"虽因说了"汉孰与我大"的话,以致贻笑2000多年。不过,从当时"西南夷君长以什数,夜郎最大","所有精兵,可得10余万"等情况看,他确实是有自大的理由的。

中国地理未解之谜

然而,"夜郎古国"距今毕竟有2000多年了,在中国正统史家的笔下,对这样一个化外"南夷"小国的事迹,虽有记载,却往往不是很详细。

夜郎国
位置示意图

加上以后以"夜郎"为地名的,时过境迁,已经不是当年旧地。这就使后来的学者众说纷纭,连"夜郎古国"的确切位置,也没有人详细知道了。

关于"夜郎国"及其"国都",一种看法是沿袭清人郑珍在《牂牁十六县问答》一文里提出的"今安顺府地即汉夜郎县"这一观点而稍作发挥,或说在安顺北部;或说在安顺、镇宁、

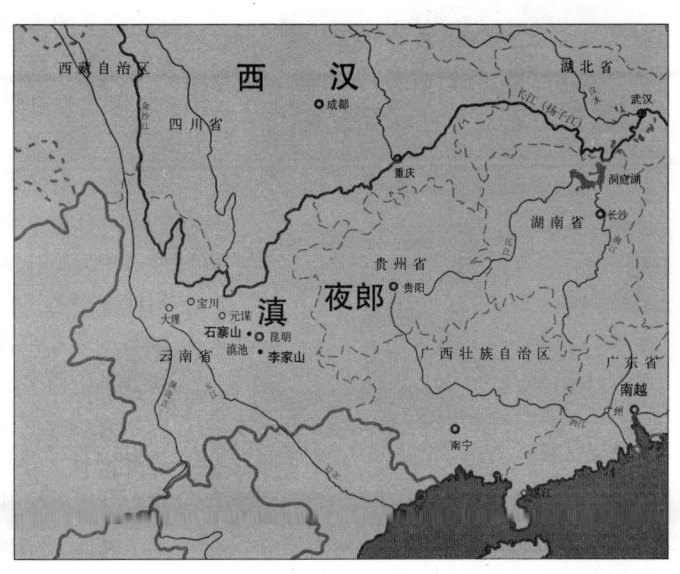

137

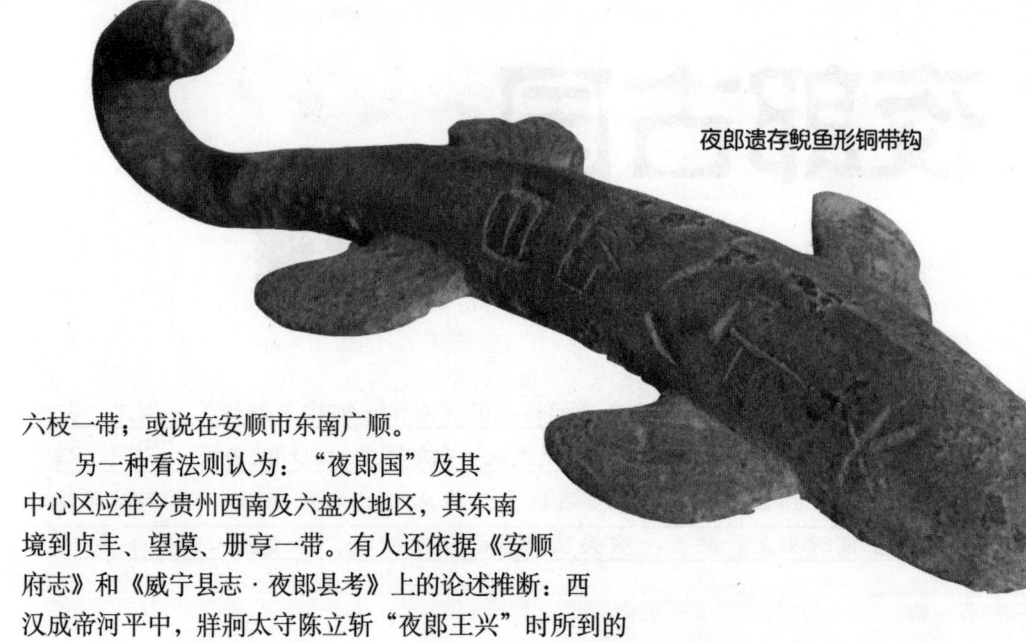

夜郎遗存鲵鱼形铜带钩

六枝一带；或说在安顺市东南广顺。

另一种看法则认为："夜郎国"及其中心区应在今贵州西南及六盘水地区，其东南境到贞丰、望谟、册亨一带。有人还依据《安顺府志》和《威宁县志·夜郎县考》上的论述推断：西汉成帝河平中，牂牁太守陈立斩"夜郎王兴"时所到的且同亭，就是"夜郎国"的政治、军事机构所在地，它约在今贞丰、望谟一带，甚而指称"与北盘江会于贞丰之者香，即夜郎国都也。"

不过，围绕古代典籍有限记载进行考订的传统方法，已经很难有新的突破，即如上述几种观点，大都只是沿袭明清学者的说法而已，且其很多都有难以自圆之处。新中国成立以后，贵州、云南等地的考古发现，则为探索夜郎故地打开了新的局面。众多的考古发现，不仅证实了"夜郎古国"的存在，而且还印证了"夜郎国"中心在贵州西部。尤其令人振奋的是，《史记》、《汉书》都提到过的"西南夷君长以百数，独夜郎、滇受王印"中的"滇王"之印，早在1985年已从云南晋宁石寨山六号墓中发掘出来。人们可以期待，随着贵州地方考古工作的全面展开，虽然不一定能将两千年前的"夜郎王之印"和《华阳国志》上留名的"夜郎庄王墓"发掘出来，但一定会有越来越多的古夜郎遗物、遗址重见天日，并且为人们提供更多、更有说服力的相关材料。

此外，从民族学的角度切入，是解开

滇王之印

西南和南方少数民族地区从汉代起即有州县建制，也有少数民族的"封王"。

"夜郎"古国之谜的又一突破口。因为，在夜郎这块土地上生活过的越人、濮人及少数氐羌人等，他们或是今天仍生活在贵州、云南、四川、广西一带的彝、苗、侗、布依、水、仡佬族的先民，或是与这些民族的先民有着极其密切的关系。近年来，通过对数以百计的古彝文典籍和苗族、侗族等少数民族的古歌、传说的翻译和研究工作的全面展开，从而也为我们传递来不少有关古夜郎国情况的信息。如新中国成立后贵州毕节地区翻译的水西彝文巨著《恩布散额》及《水西制度》、《洪水泛滥史》等中，就有关于彝话六祖后裔约在战国时期迁入夜郎地区的记载。

而对于与"夜郎文化"有关的"滇文化"、"巴蜀文化"、"楚文化"以及广西壮族西部文化（特别是桂西地区古代文化）的综合、比较研究，也有助于克服重犯"夜郎自大"、眼界狭窄的毛病，给古夜郎研究者以新的触发和启示。因此，"夜郎文化"并不是孤立地发展起来的，它和这些比邻地区的文化是互相影响、互相渗透的。如1957年在贵州赫章县可乐区辅初出土的西汉中期铜鼓上，其造型和鼓饰船纹、牛纹和羽人，就与云南"滇文化"的"石寨山式"铜鼓、四川西昌"邛都夷"地区的铜鼓、广西西林铜鼓葬使用的铜鼓，多有相似之处。

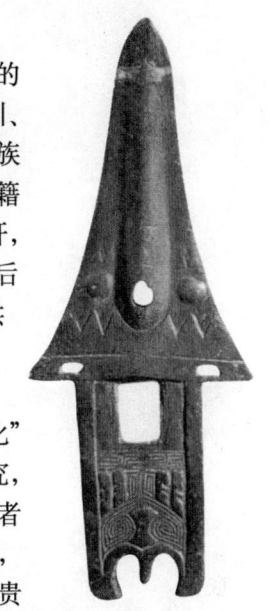

夜郎遗存
饕餮纹无胡铜戈

工作者们为探求夜郎古国投入了大量心血，遗憾的是，由于未能找到夜郎王族或主体臣民的墓葬群，所以一直难以获得圆满的答案。笼罩在夜郎古国身上的重重迷雾，还有待于人们的进一步拨开。

铜车马
贵州省兴义市东汉时期墓葬出土，属夜郎时期文化遗存。

先民遗风
未解之谜

xianminyifeng
weijiezhimi

香格里拉
只是传说中的地方吗

美国作家希尔顿在小说《失去的地平线》中，描绘了一个名叫"香格里拉"的地方。说它就在喜马拉雅群山之中，那里风光秀美，空气清新，居民品格高尚，而且健康快乐，长生不老，他们与世隔绝，以喇嘛教为中心，守护着自己的文明。

希尔顿笔下的香格里拉是以西藏古典传说中的世外桃源"香巴拉"为依据的。西藏经典中记载的"香巴拉"是个雪山环绕、天地之间纯净如水、黄金佛塔林立、处处宁静祥和的国度。对于虔诚的喇嘛僧侣来说，这不仅是个神话般的传说，而且是他们终生追求，可望而不可即的一处圣地。以前这传说只是在藏民和喇嘛僧侣中流传，自希尔顿的书问世以后，"香格里拉"引起了世人的美好向往。于是寻找香格里拉（或"香巴拉"）就

布达拉宫

前往香格里拉圣地的入口就在布达拉宫神殿之下吗？

成了世界上的一大热点。那么，神奇美丽的香格里拉究竟在何处呢？

经众多专家学者的多方考察，证实作为英语中一个外来词汇的"香格里拉"，只在云南迪庆州香格里拉县的藏语中才有它的准确发音，它由藏传佛教经典中的"香巴拉"一词演化而来，意为"心中的日月"。其中的"香"和"格"的发音，更是仅为康藏地区南部土语群中的香格里拉方言所独有。而在别的藏区，英文"香格里拉"(shangrila)的发音，一般读作"森吉尼达"。而香格里拉县城的古藏语地名就叫"尼日宗"或是"独给宗"，意为日月城，与香格里拉藏语中"香格里拉"的含意完全吻合。

"香格里拉"与藏传佛教经典中的"香巴拉"关系密切，"香格里拉"很可能是由藏传佛教经典中的"香巴拉"演变而来。

青藏高原上朝圣的人们，他们不畏长途，不惧饥寒，不避生死，朝圣是他们最执着的信念。

中国地理未解之谜

"香巴拉"的概念，来自藏传佛教的净土信仰。所谓净土信仰，其实就是大乘佛教中的"彼岸世界"信仰。

在大乘佛教经典中，"净土"是与"秽土"相对的，净土指的是菩萨修成的清净处所，是得涅槃的诸佛教化众生的庄严世界，也是佛的居住之地。相对于此，芸芸众生的居住之所则是有烦恼，有污秽，故称秽土或秽国。按照藏传佛教的经典，香巴拉王国隐藏于雪山之中，整个王国被雪山环绕，八个莲花瓣状的区域与城市是人们的居处，中央又有一个香巴拉王国国王的王宫，这里的人们不执、不迷、无欲；历代的神圣国王，为未来之世界保存最高佛法。据传说，外界之人曾经图谋征服香巴拉王国,但香巴拉稳固与超自然神的兵将出现,在一场战争中将外界人消灭,从而保住了自己的王国。

藏文、梵文经典所描述的古代各种进入香巴拉的入境指南都指出,"前往圣境要穿越荒漠与高山,行者除了必须克服崇山、峻岭、大河等自然障碍以外,还得以神通求得诸护法神的协助,以慑服沿途之恶魔"。去香巴拉的旅途从印度或西藏开始,要经过不毛之地与神秘地区;进入香巴拉的程序是,行者必须做各种精神修炼,变换其身心,使自己适应于进入香巴拉王国。

因此,藏传佛教的信仰者坚持笃信香巴拉王国仍然存在,认为那是地球上的人间净土。有人利用古代西藏文献的香巴拉指南,试图去发现实存之香巴拉王国国境。直至今日,藏族人民仍然相信,能在喜马拉雅山的一个偏远的山谷中找到香巴拉。

据西藏民间传说,前往香格里拉圣地的入口就在布达拉宫的神殿之下。这种传说有一定道理,因为布达拉宫本身就是喇嘛教的圣地,其选址和设计必然有其独特的匠心。而且布达拉宫结构复杂,如同迷宫一般。但直到现在,人们并未找到通往香格里拉的真正入口,也没有找到有关入口确实可靠的记载。

另一种传说是,香格里拉在印度和巴基斯坦交界处的克什米尔地区。这里位于喜马拉雅山西南,四周是银装素裹、冰河悬柱的冰峰雪山,中间却气候宜人、青葱碧绿,处处是五彩缤纷的梦幻般的雪中绿洲,这里空气清新,民风淳朴而又与世隔绝。因此也有人相信,香格里拉就在克什米尔的某个地方。

还有人提出,真正的香格里拉是在中国云南省的中甸。中甸位于云南省西北部连绵起伏的群山之中,著名的梅里山脚下,属于迪庆藏族自治州。有趣的是,当地的藏民有好多信奉天主教,他们自古以来就把梅里雪山看作是不容凡人足迹踏进的圣山。截至目前,梅里雪山主峰卡瓦格博仍然是一座无人登上的处女峰。南北100千米的雪山构成了怒江和澜沧江峡谷,从这里再往东30千米越过白马雪山就是金沙江峡谷,梅里雪山最高点卡瓦格博和最低点的枪江海拔落差达4800米,形成了近乎垂直的剖面。这里处于终年积雪的雪山、江水奔腾的峡谷和大片的原始森林之中,藏民们始终认为,自己居住的地方就是香格里拉。一些到过中甸的国外探险家和学者认为,比起布达拉宫和克什米尔来,这里更具有"世外桃源"意味,但此处并不在喜马拉雅山中,这与希尔顿的描写有较大出入。

神秘而又无限美好的香格里拉究竟在哪里呢?以上四种说法都有一定道理,但迄今为止尚没有一个真正的结论。或许,香格里拉只是一种世外桃源般美好的象征,一种人们对超然物外的美好生活的追求与梦想。

稻城亚丁——永远的香格里拉

这里高山连绵,起伏蜿蜒,素装银裹,高山湖泊星罗棋布,多达1154个,犹如珍珠荟萃。河流纵横,溪沟密布,林木茂盛,田野似锦。尤其是亚丁自然保护区,与云南省的中甸毗邻,被誉为永远的香格里拉。

新疆"原始村落"之谜

新疆于田县是古代丝绸之路要冲。张骞第一次出使西域,归途经昆仑山麓到此。从于田县越过克里雅河,就是塔克拉玛干大沙漠深处的所谓"原始村落"大河沿村。

对于这一神秘所在,外界早就有种种传闻。据说大沙漠中有一个与世隔绝的小村落,那里是个"世外桃源",村民过着刀耕火种兼狩猎的生活。还有人说那里湖波荡漾,鸟兽成群,居民以捕鱼为生。人人都是宽衣广袖,走路翩翩起舞,张口以唱代说,个个丰衣足食,怡然自得……这个村子叫达里亚博依,汉语是大河沿村。"原始村落"的人们究竟处于怎样的生活环境和生存状态呢?这对每个知道它的人都具有极大的吸引力。

沿着克里雅河东岸大道,向下游走到135千米的地方,已经没有路了。在岸边郁郁葱葱的胡杨林中,有一建筑群落,叫艾沙克玛札。到克里雅河下游末端,沿着洪水漫溢过的新旧河床,就到了克里雅人生活的一望无际的胡杨树林带。这个村庄处于塔克拉玛干深处茂密的胡杨林带,居住着160多户700多名维吾尔族人。属于田县加依乡管辖,距于田县城300多千米,沿途沙丘起伏,人迹罕至。居民的粮食和日用品全靠骆驼、毛驴运输,从县城到大河沿村要走8天,若要去最边远的人家,还要走400多千米曲曲折折的沙丘路。这里的居民居住十分分散,只有村委会附近有几户相隔一二千米的人家,大多数人家要相距五六十千米。他们具有自己独特的方言和生活习惯,很少与外界联系。由于生存环境和物质条件的限制,一二百年来这里的人们始终保持着自己特有的生活方式和风俗习惯。

1896年1月,斯文·赫定曾闯进这个人迹罕至的大河沿村。斯文·赫定沿着古木参天的河岸,一直走到克里雅河的尽头,

"塔克拉玛干"在维吾尔语中是"进去就出不来"的意思,它是中国最大的沙漠,也是世界第二大流动性沙漠。

在塔克拉玛干沙漠深处的绿色长廊中,居住着一个原始的部落,人们称之为"克里雅人"。

发现这里不仅有成群的野骆驼在奔跑,而且也是大批野猪的乐园。据说当时有158名牧人在这里放牧,根据斯文·赫定的观察,这些人"各自都不相往来,政府的权力也达不到他们。他们生活在一个和外界不相通的沙漠小岛上,成为半野人"。

在1959年政府派人找到他们之前,这里还过着与世隔绝的桃源式生活。这个村庄以克里雅河床为界,分为卡鲁克和加依两个部落,世代以牧猎为主,不谙稼穑,甚至不知五谷为何物,也没吃过瓜果蔬菜和糖果。

如今,汽车已出现在密林深处,半导体收音机响亮的声音传遍了这古老的村落。他们仍过着俭朴好客的生活,无论谁从远方或近处来,他们都以家中仅有的食物待客。这里的人们以食羊肉和面饼为主,面饼大得出奇,如锅盖一般,有的甚至有10至20公斤重。这种面饼用麦面或包谷面做成,不用发酵,埋在木炭火中烤熟,然后拍去上面的尘土即可食用了。吃羊肉,或用木炭火烤全羊,或用红柳枝为扦烤羊肉串,风味独特。他们除在洪水季节能喝到河里的甜水外,人畜饮用的都是咸苦的渗坑水。大河沿人居住的房屋很简陋,以圆木排列成墙,上盖房顶,形似木笼。一般人家都有这么二三处大木笼房子,很少有院墙。这里没有偷盗凶杀之类的犯罪,生活清贫却

随着外来游客的增加,克里雅人的价值观念有所改变,尽管所用的秤砣是用石头制的,却也逐渐有了买卖交易的概念。

白天沙漠热得烫手，一到夜里，克里雅人就得燃起熊熊烈火烤火取暖。

很安然。政府曾希望他们迁到农村去，但没有人愿意，他们已经习惯于大森林和大沙漠中的无拘无束的生活。这里的居民并不是老死不相往来，而是以串亲访友为最大乐趣。每个星期的主玛日，人们便从睡梦中爬起来，从各个角落集中到铁里木这个居民较多的地方。这里有清真寺，有代销店，现在又有了乡政府的各种机构。妇女小孩能在这里买一块布料或一些糖，便会笑逐颜开；男人们则聚集在一起，交流来自四面八方的新闻趣事。这里基本上没有贫富差别，保留着按个人贡献大小分配食物的古老习惯，村落首长和贡献突出的人略有优待，分给大块馕和羊腿肉。人们的收入主要靠放牧的羊、马、驴、骆驼等，此外，他们还在沙漠边缘挖大芸，用这种药材在代销店和私商手中换取商品。

"文化大革命"时期，这个克里雅河尽头的地方被彻底遗忘了。他们对外界发生的事情一无所知，既远隔人类文明，又避开了种种灾祸。据报道这种状况一直持续到1989年9月，在克里雅村落发生了一件破天荒的大事情：新疆维吾尔自治区的主席前来看望他们。他走家串户，问寒问暖，送去生活用品，并当即拍板，责成于田县成立乡政府，建立一所寄宿学校，培训医护人员和兽医，解决用电用水等问题，开办邮政所和信用社，让这里早日摆脱封闭落后的状态。这些年来，克里雅河尽头的村落成了中外人士考察寻访的热点，使这个封闭的沙漠村落的居民成了新闻人物。但是，这中间也不乏贵族化的猎奇行为，传递出的信息往往是富人雅士的消闲资料，以不负责任的态度做出一些误导性的报道，而对于这里的封闭落后、贫困愚昧无动于衷，漠不关心，甚至抱着欣赏的态度加以美化。远离现代文明的"原始村落"，当它面对外部世界，"与现代文明接轨"的时候，还能保持自己的单纯吗？

山西为何多"大院"

散布山西的百年民宅知多少？由于经历了明末清初一系列战争的破坏，现存的山西明代宅院较少，而保存较完整的大多是清代山西商人的豪宅，如清代金融中心祁县、太谷、平遥几县，交通沿线上的阳泉、介休、灵石、襄汾等地，除了对外开放的几处宅院群落之外，还有许多散落的老宅院，有些甚至藏在深山僻壤，有待于进一步认识和开发。

明代的经济政策对河东盐商和泽潞冶铁商人最为有利，明代晋商的代表当属晋南盐商和泽潞铁商。清代以旅蒙商人和票号商人最为风光，清代山西富商大多是集中在晋中一带的票商和贸易商人。这些大商人都曾经建筑了豪华富丽的大宅子。遗憾的是，他们当年的大宅子在兵燹战火和社会动荡中已化为乌有。

随着明代手工业、商业的蓬勃发展，平遥城内作坊四起，商贾云集。商品经济的发展，推动了建筑业的发展和建筑工艺水平的提高。清代中叶以后，平遥城里的票号典当业迅速兴起，更加丰富了城市建筑的内容，新兴的商家都在扩建具有更多功能、更强商业竞争力的店铺，凭经商而发迹的人们，

平遥古城

具有2700多年历史的平遥古城，其城墙、街道、店铺、民居至今保存完好，在中国国内实属罕见。古城城垣原为夯土筑，明洪武三年（公元1370年）扩建时改为砖包城墙。图为从城外看到的西城墙雄姿，坚固的城墙曾挡住1977年8月间平遥遭受百年不遇的暴雨所形成的滔滔洪水。

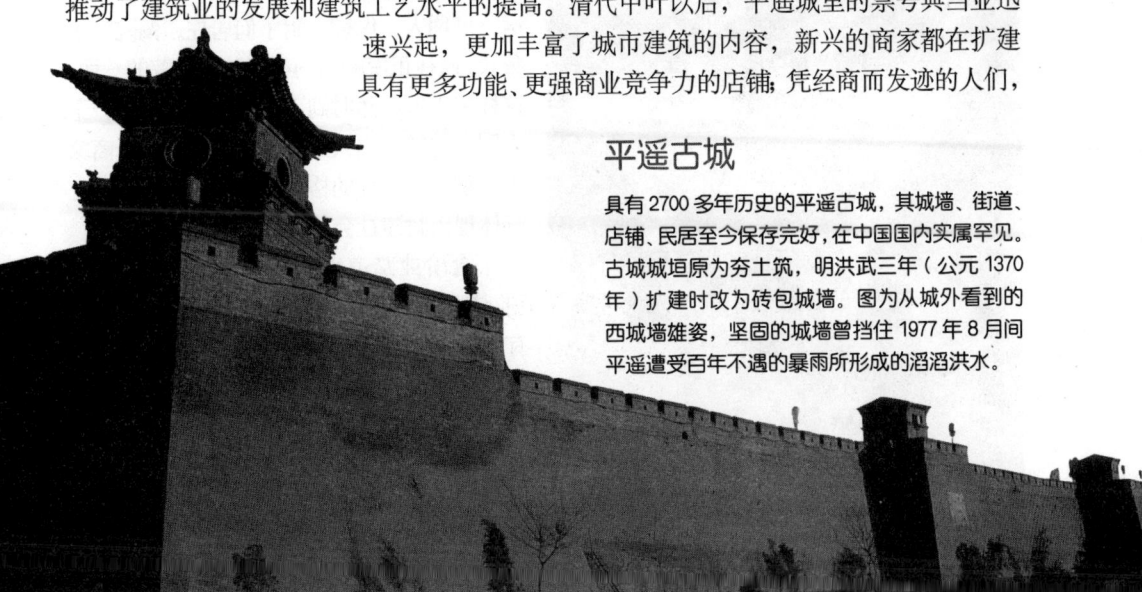

大兴土木，城乡民居建筑的质量和档次因此迈上了一个新的台阶，华美宏大、匠心独运的建筑散落在繁华的市面上，遍及平遥城的大街小巷中，在明代城墙的护卫中，富商大贾的宅院林立街头巷尾，成为平遥古城献给人类的珍贵文化遗产。

平遥城里现存的四合院达3000多处，其中完好者有400多处。规模较大的十几处古宅老院，包括有日升昌票号第一任总经理雷履泰于道光年间在城内上西门书院街的宅子，有西门外的冀升在明清两朝几百年间陆续修建扩建的鲤鱼跃龙门院子，有天成亨票号首任总经理侯王宾在沙巷街的老院子，有侯王宾之子侯殿元的"七间七檩"宅，有与日升昌争辉的蔚盛长票号掌柜和遵濂的旧居，有清末民初平遥城里有名的"兴隆义"布庄、钱庄的东家赵大第的院子，有晚清平遥最有名气的文人王沛霖的宅第……这些古宅老院，就是明清众多山西宅院的最好注脚。

等级制度是中国封建政治体制中最显著的特点，与此相对应的宫殿、庙宇、住宅文化也充分地体现出这个特点。山西宅院中的等级观念的体现，可谓是淋漓尽致。山西宅院多为左右对称的正偏结构，正院上高下低，中庭开阔，尊卑有序，等级分明。正院宽敞，正房高大，厢房低于正房，也小于正房。

以太谷曹家宅院为例，正院都是四合院，正房必设在正院里，正房的屋顶比厢房高，台阶比厢房也多一两级，账房院与主人居住的屋舍相比，就要低矮简陋得多。账房不论是正房还是厢房，门前大多不设台阶，即便筑台阶也只是一级台阶而已，以示其地位低主人一等。偏院则是紧靠正院厢房墙壁修建的一排低矮的东西房，供佣人、保镖、厨子们居住。偏院院子狭长，通往正院的门闩都安装在正院的一面，这样主人可以随时到下人住处走动察访，下人则不得随便出入正院。在晋中的几个商家大宅院里，这样的格局都是非常突出的，充分体现出封建社会的等级观念和礼制要求。

台阶或踏道也因居住者的身份而有差别。宋人李诫的《营造法式》中，对台阶有专门的尺寸规定："造殿阶基之制，长随间广，其广随间深，阶头随柱心，外阶

乔家大院

乔家大院是山西晋商大院之一，在山西省祁县东观镇。

在中国古代社会里没有比家更重要的了，千里迢迢外出经商、做官，一旦挣了钱，第一件事就是修房建屋。山西人更是如此，甚至几辈人省吃俭用都是为了有一个体面的家。在人们的心目中"家"的好坏已远远超越了其本身的实用意义，已是一个家族兴衰荣辱的象征。

中国地理未解之谜

之广,以石段,长三尺,广二心,则方三寸五分,其上下叠涩,每层露棱五寸,束腰露身一尺,用隔身版柱,柱内平面作起突壶门造。""造踏道之制,长随间之广,每阶高一尺,作二尺踏,每踏高五寸,广一尺,两边副子各广一尺八寸。如阶高四尺五寸至五尺者三层,高六至八尺者五层或六层,皆以外周为第一层,其内深二寸,又为一层,至平地,施土衬石,其广同踏。"这种营建法式虽然是为宫廷建筑而设置,但到明清时期,已经广泛用于民间的豪华宅第。从山西宅院里,就可以看到这样的规格尺寸。直观地看,就是主人居处的台阶级多、阶宽、台高,下人居处的台阶低下简陋,也就是通常说的什么等级的人,住什么等级的房。

明清山西宅院的庭院大都是方砖墁地,方砖的尺寸规格多为三四十厘米见方。等级越高的建筑,铺地的要求也越高。铺砌地面时,工匠须严格遵守磨砖对缝的要求,有的还要在砖缝中挂上油灰。油灰的主要成分是白灰和桐油,以保证地面的牢固耐用。考究的地面在铺砖之后,还要涂刷几遍生桐油,保持表面光滑美观。明间的中线上须用整砖,不可以对缝。而在游廊或室外铺地时,除了中线上必须用方砖之外,边上可以配砌小砖,院里十字甬路的中线上要用方砖,边上也可铺设小砖以舒解一下等级制度建筑的沉重压迫感,营造轻松活泼的氛围。年年岁岁生长在大院砖缝中的小草,只是沿随着循环往复的自然生长规律,对院落的兴衰和主人的变易,或许早已淡忘。

封建时代遵行男尊女卑的纲常观念,"唯女子与小人难养"的旧观念在山西宅院建筑中打上了深深的烙印。小姐的绣楼通常修建得低矮狭窄,虽说是精致小巧,却也有旧时不许女子出人头地、女子个性不得张扬等传统说教隐喻其中,束缚女性的三纲五常、三从四德在宅院建筑中得到充分体现。太谷的曹家宅院将绣楼缩进几尺,以限制闺阁中人的视线,从建筑上阻断她们的左顾右盼,禁锢她们的思想,这也是封建时代对于女性的要求,遵从礼教,淹没个性,忍让退缩,随父随夫。歧视女性的建筑文化,即使到了民国仍然没有大的变化。如定襄河边阎锡山故居中,被主人珍视一生的五妹子的绣楼就建在一个视线非常狭窄的地方,

平遥民居

虽说五妹子来此居住的日子屈指可数，但从房屋收缩、低矮简陋的格局看，仍然没有摆脱女性从属的可悲地位。

明清山西宅院建筑中，对风水也是颇为讲究的。建院前，先请风水先生堪舆选址，起根脚、上梁时，要祭拜天地、鸣炮示庆，墙腿刻"泰山石敢当"，或者在门前立一石敢当，房后立一避邪镇妖之物，以求得心理上的平稳安慰。祁县乔家宅院从一号院的院门向里走时，地平线逐一抬高，至尽头的正屋，还要修建几级踏步，既迎合了风水术中"前低后高，子孙英豪"的说法，又符合建筑物的内在要求。明清时的山西许多民居建筑物，多为负阴抱阳、背山面水的特点，背山可以迎纳阳光和温暖气流，面水可以迎接夏日的凉风，向阳可以采纳良好的日照，缓坡可以避免淹涝之患，建造良性循环的小气候。这既有科学的一面，也有媚俗的成分充斥其中。

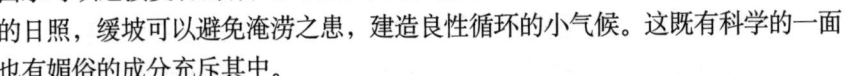

山西丁村民居

自宋代以来，阴阳五行、八卦风水说在北方极为流行，住宅的平面布局很大程度上依五行八卦决定，如宅子的地势如果与四神相应，最为吉祥，可以增福添寿。古代神话中，青龙、白虎、朱雀、玄武称为道家四灵，分别代表东西南北四个方位和青白红黑四种颜色。古人认为，东为上为阳，西为下为阴，左（东）青龙、右（西）白虎，前（南）朱雀，后（北）玄武。"宁让青龙高三头，不让白虎压一筹"，所以风水里就有"东高西低，阴不压阳"之说。而且还强调建筑物的后部气势要高，东边青龙有流水，西边白虎有道路，前有朱雀把门，后有玄武镇守，这样的宅子才算是福宅。

基址确定之后，还要请风水先生相宅。风水先生根据建房者的生辰八字，决定住宅中轴线的角度，先用罗盘定准正南正北向，再向左或向右调偏一定角度，叫作抢阳或抢几分阳。这是说主人的命不够硬，朝正南建房，恐承受不起，普天之下只有皇宫才可以朝正南开门。一经确定正院、正房的位置和尺寸，其余厢房、倒座房、偏院各房就可依照一定的程式迭减，全院的格局也就基本上确定了。"仁者乐山，智者乐水"这一圣人教诲，早已渗透到几千年中华文化的方方面面，选择宅基地的首要标准是背山面水，宅主人既要享受仁者的崇高，也要享受智者的惬意。这种选择，既是地理的原因，也有生活方便的考虑。

神秘的"女儿国"

摩梭女的花房

有一块神秘得像谜一般的土地,有一个深邃如梦幻的湖泊,那就是滇西北高原的泸沽湖。这里世代居住着摩梭人。在那里,无论是一棵树一座山或一片水,无不浸染着女性的色彩,烙印着母亲的情感。于是它又被人们称誉为"当今世界唯一的母系王国"、"大山深处的伊甸园"、"上帝创造的最后一方女人的乐土"。那里已经成为一个现代人嘴里的神话、一个世人津津乐道的乌托邦。

泸沽湖被人们称为"女儿国",其最神秘之处就在于"走婚"二字。情爱生活,在那里是天经地义的事情,所以,又有人说那里是"爱的乐园"。千百年的岁月在那里缓缓流去,在庞大的母系部落中,摩梭儿女仍然乐此不疲地走在那条古老的走婚路上。走婚这种习俗,在泸沽湖北边的四川摩梭人中被称为"翻木楞子",是指男子在夜间翻越木楞房的壁缝,进入钟爱女子的花楼。

摩梭风情（走婚）

每到黄昏,脉脉夕阳的余晖铺在女神山上,当蜜一样的晚霞在天边闪耀时,归鸟的翅膀驮着湖光山色飞倦了,层层山峦铺满了阴影,夜晚即将笼住蓝色的梦。届时,在山边,或在湖畔弯弯的路上,你常常会看见那些骑马赶路的英俊男子。他们戴着礼帽,脚着皮靴,腰间别着精美的腰刀,跨着心爱的骏马,怀里揣着送给姑娘的礼物,也揣着足够的自信和一腔情思,朝情人家悠悠走去。

千万别以为他们可以大摇大摆地进入女方家的木楞房内，拴马，喂马，然后来到火塘边，那是会被人笑话的，因为时机还不够成熟。他只能在村边的草地上放马、遛马，等待黑夜的来临，夜晚才是属于他任意风流的时光。

当夜色浓浓地笼罩大地，群山间的夜鸟东一啼西一鸣，月儿弯弯挂在树梢，随露水渐渐重起来，虫鸣声声草丛里，寒星在空中稠密起来，人们都进入了甜蜜的梦乡，属于情人们的时间才刚刚来临，骑马的汉子才能走近姑娘的花房。如果姑娘很痴情于小伙子，并早有约定的暗号，那进入花楼就简单多了。因为约定的信号发出，姑娘会来为他们开门。按着约好的暗号，或怪鸟鸣叫，或长虫独吟，或夜猫啜泣，或丢颗石子在屋顶，姑娘就会打开花楼之门。但是，如果双方的恋情还不到火候，姑娘为了表示自己的毅力或考验男子的本事，是不会主动开门的，门栓和门杠可能还加了码。那么，小伙子要进入恋人的住所就困难了，因为一般摩梭家都是四幢木楞房拼成的四合院。如果实在没有办法，那小伙子就只能翻墙而入了，将整个人贴在姑娘家的木楞壁上，那道走婚的门，却始终不为他敞开。他还得防着恶狗，不然走婚不成反被犬咬，那会成为传遍几个寨子的笑话。可是，聪明的小伙子们还是有办法的。白天，他们从山上捡来已开裂的松果，把饭团揉进松果的裂缝内，等恶狗一来就将松果丢给它，那笨狗就不哼不叫，只顾去啃那个松果了。在它啃又啃不完，吃又吃不到什么之时，小伙子便已来到了门口。摩梭人家的大门都是用很大的木板制作的，开门时会发出嘶哑的怪声，小伙子早已备有一点香油，将油倒入门轴上，经香油润滑，门就不会再发出"警报"。第三步，

泸沽湖畔的摩梭民居

位于云南东北的泸沽湖，是摩梭族聚落所在。摩梭原为纳西族共称，自1949年将丽江地区多数支系统称为纳西族后，仍居住在泸沽湖周围的支系则保留原来摩梭称谓。此地仍承袭古老的母系氏族社会型态。建筑迥异于丽江精华地区的砖墙瓦顶，而是以木楞房（井干式房）为主。构造为：以圆木纵横叠架，四面围合构成墙体，在其上架檩，檩上铺板为顶，顶上覆石以防风吹。在蓝天碧水的映衬下，湖畔的木楞房，散发出朴拙粗犷的特殊风情。

中国地理未解之谜

腰刀派上了用场，里面的门杠和门闩，用腰刀从门缝中拨开，他就能进去了。走婚这一种充满了某种艰辛，但又融注着浪漫气息的婚姻形式，并非无根之木，它有自己独特的文化背景。在泸沽湖畔的摩梭人中，历来实行的是母系大家庭的家庭模式，血缘以母系计，财产由母系血统的亲人掌管和继承，家庭中只有母亲的母亲及舅舅之类，还有母亲的兄弟姐妹和女性成员的孩子们，而没有叔伯、姑嫂、翁媳之类的成员。这样的格局必须靠走婚制度来维系。家中的男子每到夜间就到情人家过夜，第二天黎明时分又回到自己的母亲家，所生育的孩子归女方家抚养，他们只承担抚养自己姐妹的孩子的义务。所以，在家庭中，他们（即舅舅们）的地位仅次于母亲，在这样的家庭中实行"舅掌礼仪母掌财"，男女情侣间，没有太多的经济联系，除了互相赠送的一些定情物，并没有共同的财产。他们并不成立自己的小家庭，双方之间只有情感的联系，一旦感情破裂，男的不再上门夜访，或女子不再开门接待，这段情缘就算了结。双方也没有怨言和仇恨，因为他们不必为经济发生纠纷，也不必为孩子的抚养起纠葛。孩子历来由女方家庭承担抚养教育义务，从不依靠父亲一方。分开后的男女仍可以寻访自己中意的情侣。

男女青年在恋爱时，先是秘密的，随着感情的加深，才公开来往。一旦公开来往，

泸沽湖 位于云南省西北部和四川省西南部的两省交界处，为两省共辖。湖畔生活着摩梭人，独具特色的摩梭母系文化与景色秀丽、生态完好的泸沽湖，共同构成了泸沽湖国家级旅游景区的迷人景色。

成人礼 摩梭姑娘长大后要穿裙子，家人为她们举行成人典礼。

就不必再像前面提到的那样守夜，而是在黄昏时就可以进入女方家，共进晚餐，还可与她们家人一起劳动。无论男女双方是什么地位，有什么样的名声或来自何家族，长辈从不干涉。因为有钱有权也罢，家庭显赫也罢，都要一样实行走婚，他们走婚后，财产和名声仍属于两个各自的家庭，与他们当事人没有太多关系。所以，他们只注重双方的感情。

在灿烂的星空下，在泸沽湖清波的荡漾中，人们仍在歌唱着历史，歌唱着爱情；仍在夜幕中信誓旦旦，在黎明时各奔东西。对外人而言，他们只能是一个谜团，因为，只有在那里才生长那种爱情，泸沽湖永远是一个爱的乐园。

图书在版编目（CIP）数据

中国地理未解之谜 / 何英娇编著 . —2 版 . —北京：光明日报出版社，2004
（2025.1 重印）（图文未解之谜系列）

ISBN 978-7-80145-942-8

Ⅰ . 中… Ⅱ . 何… Ⅲ . 地理－中国－普及读物 Ⅳ .K92-49

中国国家版本馆 CIP 数据核字 (2004) 第 141417 号

中国地理未解之谜

ZHONGGUO DILI WEIJIE ZHI MI

编　　著：何英娇	
责任编辑：李　娟	责任校对：乔　楚
封面设计：玥婷设计	封面印制：曹　净

出版发行：光明日报出版社
地　　址：北京市西城区永安路 106 号，100050
电　　话：010-63169890（咨询），010-63131930（邮购）
传　　真：010-63131930
网　　址：http://book.gmw.cn
E－mail：gmrbcbs@gmw.cn
法律顾问：北京市兰台律师事务所龚柳方律师

印　　刷：三河市嵩川印刷有限公司
装　　订：三河市嵩川印刷有限公司
本书如有破损、缺页、装订错误，请与本社联系调换，电话：010-63131930

开　本：170mm×240mm	
字　数：125 千字	印　张：10
版　次：2010 年 1 月第 2 版	印　次：2025 年 1 月第 3 次印刷
书　号：ISBN 978-7-80145-942-8	
定　价：27.80 元	

版权所有　翻印必究

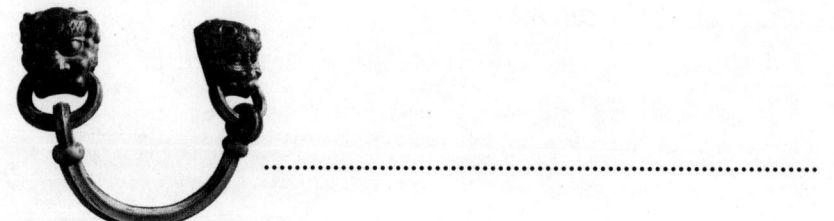